保守の本懐

上念司

扶桑社

目次

第1章 保守思想とは何か？

第2章 フランス革命批判から生まれた保守思想

第3章 日本の保守思想の源流

第4章 日本における保守思想の敗北と復活

第5章 戦後、保守自由主義は何と戦ったのか？

第6章

令和の今、保守思想は何と戦っているのか？

第1章

保守思想とは何か?

保守思想と右翼思想の違い

保守思想とは何か？　あえて言うならば、それは「〇〇でないもの」の共通部分。共産主義思想で言うところのマルクスのように「教祖」「家元」を持たない思想です。まずはその一例を示すために保守思想としばしば混同される右翼思想との違いについて説明します。

保守思想は、社会の秩序、伝統、文化を尊重し、次世代に引き継ぐことを目指しています。歴史的に培われた知恵や慣習を重視し、人間の不完全性を前提に社会の安定を追求するので、急激な変化は警戒されます。しかし、変化そのものを否定するわけではなく、むしろ漸進的な改革は重視されます。結果として、保守思想は、自由主義や民主主義と共存しやすく、対話や妥協を通じて社会全体の利益を調整することが良いとされます。

これに対して右翼思想は極端なナショナリズムや盲目的な愛国主義を強く掲げ、自国の優越性や独自性を守ることに重点を置きます。一瞬、伝統を重視しているように錯覚させますが、実際には己の優越性に溺れ、他国を劣ったものと見なす傾向が強いです。その裏返しで、外敵に対する危機感を異常なまでに強調し、対立的な言説を用いて人々を煽ります。排他的な政策を急進的に推し進めるよう政府に要求したりもします。ただし、それがイデオロギー的に一貫しているかというとそうでもありません。それらは感情的、状況的な動機に基づく場合が多く、「極右ポピュリズム」と批判されることも多い。そういう意味ではとても機会主義的です。また、日本の場合は特に戦時統制の頃を模範とし、そこに回帰すべきだとする復古主義的な右翼も多数います。

保守思想と右翼思想は、特に政治的な文脈で混同されることが多いです。その理由として、両者が伝統や愛国心を重視する点で重なる部分があるからでしょう。しかし、保守思想はその伝統を絶対視して他人に強要したり、そういった伝統を持たない外国人を差別したりすることはありません。また、歴史的に、保守自由主義が反革命的な文脈で発展したことが右翼的傾向と結び付けられる場合もあります。しかし、これも革命を批判する人々を右翼、反動勢力、反革命勢力、ファシスト、レイシストなどと決め付ける左派および共産主義者による政治的なレッテルに過ぎません。最近、リベラル（本来の意味は自由主義者）を自称する日本の左翼勢力の一部に、自分たちを批判する人を片っ端から「ネトウヨ」認定する人がいますが、これもまったく同じです。

保守思想の核心とは?

歴史家の故伊藤隆《いとうたかし》氏(東京大学名誉教授)は日本近現代史研究の第一人者であり、現代における保守思想について数多く言及したことでも知られています。伊藤氏は保守思想を「歴史的文脈と日本固有の伝統を重視しつつ普遍的な保守の原理を日本の現実に即して解釈する立場」と位置付けています。

その際に、最も重視されるのは歴史的連続性です。**保守思想の核心とは「歴史的連続性の尊重」にあり、特に、長い歴史の中で培われた文化、慣習、制度を重んじることが重要だと考えます。**昔の人が悩みに悩み抜いて決めたことにはそれなりの意味がある、その意味をしっかりと汲み取ることが大切だということです。

日本においては神話の時代から続く万世一系の天皇と民の関係、神道などに代表される独特の死生観などの存在が、歴史を通じた国民統合の象徴として重要視されます。保守思想においては、このような伝統が単なる過去の遺物としてではなく、現代社会の安定の基盤ととらえる点がとても重要なのです。

保守思想とは極めて実践的な思想

こういった伝統を重視するということは、逆に急進的改革に対しては懐疑的な態度を取ることも意味します。伊藤氏によれば、急進的な改革や革命思想に対して警戒心を持つという点が保守思想の基本姿勢とのこと。確かに、革命などの急激な社会的変化は、多くの場合、大衆の熱狂と暴走によってもたらされました。しかも、それが社会に平和をもたらしたことは少なく、むしろ大きな社会的不安定をもたらしました。なぜなら、革命が既存の秩序や価値観を破壊するだけでそれに代わるものは何ももたらさなかったからです。

歴史上起こった革命では、その過程で多くの人が犠牲になりました。ロシア（旧ソビエト連邦）、中国、カンボジアなどでは多くの国民が革命の名の下に殺されたこと（粛清）もあります。急進的な改革には大きなリスクが伴うことは歴史的な事実と言っても差し支えありません。

誤解を恐れずに言えば、保守思想は革命に反対する思想です。しかし、それは変化そのものを拒絶する硬直化した原理主義ではありません。むしろ原理主義的なのは革命勢力の方です。革命とはある理想を未来に見出したり、過去に見出したりして、現実や歴史的な連続性を無視して世の中を無理やりそれに近付けようとするものです。未来に見出せば共産主義（左翼）、過去に見出せば復古主義（右翼）ですが、どちらも現実を顧みない極端な主張であることに間違いはありません。

保守思想はこういった原理主義的な変化を拒絶します。しかし、現実の変化に適応しつつ伝統を守る「漸進的改革」の必要性は大いに認めるところです。保守的な思想の持主は変化を嫌うものでも、現状維持を望むものでもありません。むしろ、社会をよりよくするための安定した漸進的な変化を促すべきだと考える人です。

また、保守思想には「共同体の価値」を重視するという特徴があります。家族や地域社会、そして国民国家といった共同体は、個人が生きる上での基盤となる存在です。そのため保守思想は、これらの共同体を破壊し得る過度な個人主義やグローバリズムに対して批判的です。国家の役割を重要視し、国民を保護し、国益を守る存在としての国家観を持っています。

とはいえ、それは決して教条主義的なものでも、排外的な原理主義でもありません。伊藤氏は保守思想が理想主義に対して現実主義的である点を強調しています。人間の理性や計画に基づいて完全な社会を作り出すというユートピア思想には限界があり、むしろ人間の不完全さや限界を前提にした社会を志向するのが保守思想です。この現実主義は、政策や制度設計においても漸進的で実効性のあるアプローチを取ることを意味します。

このように、保守思想とは単なる現状維持思考でもなければ、「昔に戻せ！」という復古主義でもありません。**保守思想とは「伝統を基盤にしながらも、現実の課題に柔軟に対応し、社会の安定と繁栄を追求する思想」です。つまり、歴史的な連続性を重視しつつも、時代の変化に応じた適応の必要性も理解する極めて現実的な思想なのです。**

保守思想の対極にある思想とは？

では、保守思想の対極にある思想とはなんでしょう？　左翼思想？　リベラリズム？　伊藤氏はそれらをすべてまとめて「設計主義」というカテゴリーでくくります。保守と設計主義の相違点について、まずはその基盤となる人間観の決定的な違いから説明したいと思います。

保守思想において最も大事なことは「理性に対する懐疑」です。人間は「不完全で限界を持つ存在」であり、理性的である一方、感情的で過ちを犯しやすい存在です。そして、そんな不完全な人間が集まって社会が形作られている。つまり、社会全体が理性的な判断をすることもあれば、一時的な感情で盛り上がって文字通り全員が間違う状況もあり得る。

残念ながら不完全な人間は神のように賢くはなく、一度も間違えず（無謬《むびゅう》）に正解にたどり着くことはできません。試行錯誤を重ねながら、漸進的な変化をしていくこと、そして一度答えを得たと思ったことでも、それが本当に正しいのかどうか常に振り返って検証していく必要があるのです。

伊藤氏が伝統や歴史の中で培われた知恵を重視する理由はまさにこれです。長い年月をかけ、試行錯誤を経て現在でも残っている社会制度や社会資本は、その淘汰を潜《くぐ》り抜けた時点で非常に重要な意味を持っている。これらは過去において社会に安定をもたらしたわけであり、容易に破壊すべきではない。逆に、急進的な改革を進めることはかえって社会の安定を脅かし、想定外の悪影響をもたらす可能性がある。改革には慎重さと経験則に基づく判断が求められるわけです。

人間の理性を全面的に信頼する設計主義

これに対して、設計主義は人間の理性を全面的に信頼し、それを疑うことを知りません。

社会や制度には理性によってたどり着く「正解」がある。それに基づいて世の中を変えていけば社会をより良く合理的に設計・再構築できると彼らは考えています。設計主義的な思想は総じて、社会的な不平等や不公正の解消を重視し、そのために革命のような計画的かつ大胆な改革を実行すべきだと主張します。

設計主義の背景には、啓蒙思想や理性万能主義の影響が見られ、社会の欠陥を人間の意図と計画によって完全に修正できるという発想が見え隠れします。そのため、もし社会に欠陥が発見された場合には、それを迅速に取り除くことは可能であり、いち早く理想的な社会を実現できるという前提に立っています。既存の制度や慣習が不合理であれば、これを全面的に否定し、新しい制度を一から設計することも辞さない。その根底には社会を「白紙の状態」から設計できるという理想主義的な発想があるのです。

そのため設計主義的な思想においては、伝統をしばしば「非合理的な慣習」や「進歩の妨げ」と見なし、過去を尊重するよりも、現在の理性に基づいて新しい制度を構築することが優先されます。中でもより過激な設計主義思想においては、伝統や経験に対して懐疑的であるどころかむしろ敵視して、過去を乗り越えるべき対象として決め付ける傾向さえあります。また、彼らは社会や制度は、理論的に正しいとされる計画に基づいて、一気に変革することが可能だと考えるため、しばしばトップダウン型の改革が支持されます。

ナチズムと共産主義は一卵性双生児

例えば、中国共産党が行った大躍進政策や文化大革命などはその典型例と言えるでしょう。漸進的な試行錯誤を飛び越えて、一気にトップダウンで正解が示され、大衆運動としてそれが実践される。本当にそれが正解ならいいですが、そうでなかった時には悲劇が起きる。冷静に考えればそんなことは誰の目にも明らかでしょう。

設計主義の問題点は、急進的な社会変革に対するリスクを過小評価するところです。現状の問題を理想的なビジョンに基づいて解決しようとする過程で、変化によって生じる可能性のある副作用を軽視する。保守思想が重んじる現実主義とはむしろ正反対の考え方ではないでしょうか？

具体的に設計主義の何が問題なのか？　設計主義を代表する2つの思想を例に、その問題点について説明します。2つの思想とはナチズム（国家社会主義）と共産主義です。一方は右翼、もう片方は左翼の中核的思想ですが、これらはどちらも設計主義です。

ナチズムと共産主義は一見対極的なイデオロギーに見えますが、「理性に基づいた計画的な社会変革」を目指している点では共通しています。ナチスドイツもソビエト連邦（ソ連）、中国も基本的に設計主義の国であり、いわば一卵性双生児なのです。

ナチズムは、民族や人種に基づく「理想的な国家」を構想し、それに適合しない要素（特定の人種や思想）を排除することを目指しました。これには、生物学的な優生思想や国家の徹底した計画による社会の再構築が含まれています。

これに対して、共産主義は、資本主義を克服し、労働者階級を中心とした平等で搾取のない社会を理論的に設計しようとしました。そのため、計画経済や社会構造の全面的な変革を推進しました。

また、ナチズムと共産主義はいずれも、既存の社会秩序や伝統を否定し、短期間で急進的な社会変革を目指しました。このような急激な変革が「理性」によって可能だとする点で設計主義的と言えます。

さらに、こういった急進的な変革を進めるに当たり、全体主義的な政策を推し進めた点でも共通しています。両者ともに、個々人よりも集団や国家を優先させ、国家や党が社会全体を管理・支配する体制を目指しました。このような全体主義的な社会は、計画的・意図的に設計されるものであり、自然発生的な秩序とは異なります。

ナチスドイツの人種差別がホロコーストに繋がった

最悪なのは両者に共通する理論や理念の過剰な信奉、いわゆる原理主義です。ナチスドイツでは、アーリア人の優越性や生物学的優生学が過剰に信奉されました。これに対してソ連ではマルクス主義や唯物史観といった理論が絶対視され、現実社会の複雑性や予測不可能性を軽視しました。特に問題なのはこれら原理主義の根幹が陰謀論、疑似科学、トンデモ歴史解釈などのナラティブによって構成されている点です。

ナチスドイツが推進した人類学や科学の多くは極めて政治的なものであり、人種差別的なイデオロギーを正当化するために「科学的根拠」を捏造しました。例えば、ナチスの人類学において、「アーリア人種」は他のすべての人種よりも優れているとされました。ナチスにおける「アーリア人」の定義は実際には曖昧で、北ヨーロッパ系の特徴（ブロンドの髪、青い目、高身長）が理想化されました。

ナチスは、アーリア人が高度な文明の起源であり、世界中に影響を与えたとする説を広めました。シュメール人、インドのヴェーダ文化、さらには古代エジプト文明などをアーリア人の業績だと言い張り拡散したのです。また、「アーネンエルベ」というナチスの研究組織がチベットやヒマラヤ地域への探検を通じて、アーリア人の起源を探るという疑似科学的な研究が行われましたが、これらの研究に科学的根拠はありません。アーリア人は優秀だったという結論ありき、民族学的な偏見に基づいたものだったのです。

ナチスは、ドイツ国民を詳細な身体測定（頭蓋骨の形や鼻の長さなど）によって「人種分類」しました。これに基づき、ユダヤ人、ロマ（ジプシー）、スラヴ人などを「劣等人種」として差別しました。しかし、これらの分類にも科学的根拠はありません。

また、ナチスは優生学という生物学的特徴を基にした人間の「改良」を目指す学問を政策に取り入れました。この思想の下、ドイツ社会から「劣等」と見なされた人々は徹底的に排除されます。知的障害者、身体障害者、精神疾患のある人々を「遺伝的に劣等」と見なし、強制的な断種や安楽死が行われました。これは「T４作戦」として知られ、20万人以上が犠牲になりました。

さらに、ナチスは学術機関や大学を統制し、人種差別的な理論を推進しました。これにより、多くの科学者がイデオロギー的研究に従事するか、拒否して追放されるかを迫られました。**ナチスの人類学は、科学の名を借りたプロパガンダであり、科学的な正当性よりもイデオロギーに従属していました。この「トンデモ科学」は、深刻な人権侵害や最終的には約600万人ものユダヤ人が犠牲となったホロコーストに繋がります。**現代においてその教訓を重視しない人はいないでしょう。

スターリン体制は権力濫用と虐殺の象徴

同じことはソ連時代のロシアでも起こっています。スターリン時代のソ連では、科学、歴史、政治などあらゆる分野がイデオロギーに従属させられ、疑似科学、偽歴史、陰謀論が国家の公式な方針として用いられることが多々ありました。これにより、科学者、歴史家、知識人、さらには一般市民が弾圧され、多くの犠牲者が出ました。

例えば、1928年から強行された農業の集団化政策により、個人所有の農地が廃止され、すべての農業が国家の管理下に置かれました。その目的は、食糧生産の効率化と、工業化に必要な労働力と資源を確保することとされていました。しかし、問題はその進め方です。スターリンはこの政策に反対する人々を「富農（クラーク）」と決め付け、「階級の敵」「外国の手先」として追放・処刑した上、土地や財産を没収したのです。

しかも、ここまで強引にやったにもかかわらず、集団化は失敗。その結果、ウクライナを中心に大飢饉《だいききん》が発生しました。これがいわゆる「ホロドモール（大飢饉）」と呼ばれる大虐殺です。推定４００万人以上が死亡したと言われています。

スターリン政権下では、民族政策も暴力的に進められました。その背景にあったのは、中央アジアやカフカス地方の少数民族が「反ソ的活動」に加担しているという陰謀論です。チェチェン人、クリミア・タタール人、カザフ人などが強制的に移住させられましたが、移住先の過酷な環境に耐えられずその多くが死亡しました。

極めて非科学的なトンデモ理論がスターリンのイチオシで当時のソ連に広まり、多くの人が餓死するという悲劇も起こっています。これにも設計主義が持つ理性（≒科学）の役割に対する誤った認識が密接に絡んでいます。

ウクライナ出身のソ連の生物学者・農学者トロフィム・ルイセンコは、染色体理論など遺伝学全般を「ブルジョア科学」と非難し、自らの「環境決定論的」農業理論こそが革命的で共産主義的な科学だと主張しました。これが時の権力者であるスターリンに〝バカウケ〟し、共産主義イデオロギーに合致する画期的な農業理論と認定されるに至ります。

ルイセンコの環境決定論は生物の形質は遺伝よりも環境の影響によって決定されるとする考え方です。例えば、寒さに慣れた作物は、その耐寒性を次の世代にも受け継ぐというわけです。しかし、この主張には科学的根拠がなく、実験結果が再現できないという重大な欠陥がありました。

ところが、ルイセンコが登場する以前のソ連は農業の集団化政策に伴う大規模な混乱に直面し、農業生産が落ち込んでいました。それは社会不安を喚起する可能性があり、スターリンはその状況に焦っていたようです。農作物の生産量が減少し、飢饉が広がる中で、ルイセンコの理論は「簡単で労働者にも適用可能な解決策」として魅力的に見えたに違いありません。しかし、それは見込み違いでした。

ソビエト政府はルイセンコ農法を大々的に宣伝し、成功例だけを報告しました。一方で失敗例は徹底的に隠蔽し、批判的な意見は抑圧しました。さらに、ルイセンコに反対する科学者たちは「反革命主義者」や「ブルジョア的」として粛清され、逮捕や処刑の対象となりました。その結果、多くの人々が実際の成果を確認する手段を持つことはできませんでした。

もちろん科学的根拠に欠けるルイセンコ農法に実効性はありません。実際には農業生産の向上に寄与するどころか、ソ連の農業に深刻な悪影響を及ぼしました。まず、農業生産性が落ち込んで、穀物の収穫量は激減し、多くの地域で飢饉が発生しました。特に、1946年から1947年の飢饉では数十万人が餓死したとされています。また、密植（植物間の競争を軽視する方法）は、土地の栄養や水分の不足を招き、農地の持続可能な利用ができなくなりました。ルイセンコの理論が公式に否定されたのはスターリンの死後（1953年）で、フルシチョフ政権下で科学的批判が再び許容されるようになるまで待たなければなりませんでした。

このように、スターリンは共産主義を「科学的に証明された唯一の正しい経済体制」として大規模な集団化や重工業化、ルイセンコ農法などを推進しましたが、その非人間的な手法が多くの犠牲を生んでしまったのです。

もちろん、共産主義の実現という名目で行われたこれらの政策が、実際のところはスターリンの権力維持のための弾圧の手段だったという指摘もあります。**しかし、問題は共産**

主義という思想がナチスと変わらぬ設計主義だったということです。スターリンは共産主義を正当化するために、恐怖政治を徹底し、多くの人々を犠牲にしましたが、それが間違っているとは思わなかったようです。確かに、スターリンのような強権的なやり方によって短期的には工業化や軍事力の強化などで一定の成果を上げることはできるでしょう。しかし、それは長期的には維持が不可能であり、社会的なメリットを上回るデメリット（膨大な人命の損失、社会の分断、文化的損害、環境破壊など）をもたらしたことは間違いありません。

これこそが保守思想の懸念する急進的な社会変革の害悪そのものです。スターリン体制は共産主義の名の下に行われた権力濫用と虐殺の象徴であり、その教訓は、設計主義の危険性を示すものです。

権威主義国家として設計主義を続ける国々

このように、ナチズムと共産主義は設計主義を代表する一卵性双生児であり、人間社会全体を特定の思想や理念によってコントロールできると考える大変危険な思想であると言えます。**これら設計主義的イデオロギーが、現実には社会の多様性や複雑性を無視し、結局はうまくいかなかったということは歴史的な事実です。実際にナチスドイツは第二次大戦の終結とともに滅び、もう1つの設計主義の巨頭である共産主義は1991年のソ連崩壊でほぼ全滅しました。**しかし、ナチスとソ連が滅びても、設計主義そのものは未だに地上からは消えていません。

例えば、ソ連は崩壊しましたがプーチンのロシアは旧ソ連にも負けず劣らずの設計主義国家です。プーチンを絶対無謬のリーダーと見なし、プーチンの計画がどんなに間違っていてもそれを改めることができません。ウクライナを3日で取る予定が3年かかってもいまだに支配できていないのはプーチンにとって不都合な現実ですが、100万人以上（※『ウォール・ストリート・ジャーナル』の報道による）の国民が死傷しても依然として戦争を続けているというのは正気の沙汰ではありません。

そのロシアと「抵抗の枢軸」を形成するイラン、北朝鮮、中国も民主的な選挙が行われていない国です。また政府よりも上に宗教や共産党などの権威主義団体が存在し、トップは独裁者として君臨しています。

現在、このような非民主的な体制を総称して、「権威主義国家（Authoritarian

state)」と呼びます。権威主義国家は、民主主義国家とは異なり、権力の集中が強く、個人の自由や政治的多元主義が制限される国家形態です。**１９９１年のソ連崩壊後に生き残った北朝鮮や中国がマルクス・レーニン主義から離れつつも、権威主義国家として未だに設計主義を続けているわけです。本当にしぶとい！

そして、極めて厄介なのは、権威主義国家では、形式的には選挙は行われているという点です。彼らは民主主義を偽装し、民意を偽装することでより支配の正当性を高めようと選挙まがいの芝居をしてそれを利用しているのです。もちろん、所詮は選挙のまがい物ですから、不公正な選挙であり、票の操作、選挙結果の改竄《かいざん》などの不正行為が横行します。また、体制に批判的な有力候補者は出馬できないように、あらかじめ審査などによって排除されることもあります。

権威主義国家では、選挙を通じて国民が指導者や体制を支持しているかのように見せかけるため、選挙結果を圧倒的勝利（例：得票率90％以上）として発表することがよくあります。２０２４年3月、戦時下のロシアで行われた大統領選挙において、現職のプーチン大統領が87％余りの得票率で圧勝したことは記憶に新しいところです。

さらに現代の権威主義国家においても、ナチスドイツやソ連と同じく陰謀論、疑似科学、

図1 設計主義と保守自由主義の違い

設計主義		保守自由主義	
急進的改革の推進	現状を非合理的と見なし、トップダウンの設計による改革を目指します。	試行錯誤的アプローチ	社会は複雑で、全体を設計することは困難と認識し、漸進的な変化を求めます。
理性万能主義	理性的な計画がすべての社会問題を解決できると信じます。	伝統の価値の強調	設計主義が破壊しようとする伝統や慣習には、それなりの知恵や役割があると考えます。
伝統の軽視	過去の制度や文化はしばしば保守的で非効率と見なされ、廃棄される傾向があります。	理性の限界を認識	理性だけでは社会全体を理解しきれないとし、経験や歴史に基づく判断を重視します。

トンデモ歴史解釈などのナラティブを国民に信じ込ませるためにありとあらゆるプロパガンダが実施されている点も注目に値します。

保守思想と自由主義の親和性が高い理由

次に、保守思想と極めて親和性が高く、一般的に「保守自由主義」として一体で語られる自由主義思想について説明したいと思います。

そもそも、なぜ保守思想と自由主義の親和性が高いのか？ **それは、両者が共通して急進的な変革に対する懐疑を持ち、個人の自由と社会の秩序という相補的な価値を追求するからです。** また歴史的には、フランス革命や共産主義の台頭といった危機の発生と、それへの対抗が両者を結び付けました。

すでに述べてきた通り、保守思想は伝統、安定を重視し、急進的変革は社会秩序を混乱させるのでなるべく避けるべきだという思想です。ただし、だからと言って変化そのものがダメということでなく、漸進的な改革はむしろ進めるべきものとしています。

これに対して自由主義は、個人の自由意志を尊重し、自発的活動には可能な限り他からの干渉をするべきではないという主義・思想です。そもそも、自由主義とは英語で言うと「Liberalism（リベラリズム）」ですが、令和の世に言う「リベラル」とは全然意味が違います。それは、左翼思想の一種ではないし、設計主義には含まれません。**本来のリベラリズムは個人の自由と権利を重視し、自由を最大限に尊重する形で社会を変えていこうとする思想です。**そのため自由主義においては、個人の尊厳と自由、平等、法の支配を基本原則としています。人はそれぞれに固有の価値を持ち、自己決定権を持つべきだという考えがその根底にあるからです。そして、この自由主義という思想は資本主義にも極めて親和性が高く、人類に経済成長という大きな果実をもたらしたことも知られています。

やる気が資本主義を突き動かす

なぜ自由主義が経済発展を促すのか？　その理由はとてもシンプルです。自分で自由に創意工夫して作り出した商品を売り、お金が儲かる。やる気が出るでしょ？　このやる気こそが「インセンティブ」とか「アニマルスピリット」という資本主義を突き動かすエネルギーです。

自由主義では、個人が自分の能力や選択に基づいて行動することが認められます。個人は、自分の得意分野や情熱を活かした仕事を選べるため、自ら試行錯誤し一番自分に合った仕事を選択できます。また、リスクを取って新しい事業を立ち上げることも可能です。

市場は自由競争であるため、淘汰によってよりよい製品やサービスが提供されます。そして競争が活発になることでイノベーションや資源の最適な配分が実現します。なぜならそれらを実現すれば競争上有利になり、より多くの富を手にすることができるからです。政府がいちいち命令しなくても人々は豊かになるために勝手に努力する。それはつまり、衆知を集めて社会的な問題解決をしているのとほぼ同義になります。

ところが、自由がない社会ではこうはいきません。政府の命令に従うだけで、働いても働かなくても結果は同じ。そんな状況でやる気（アニマルスピリット）が起こるでしょうか？　自由のない社会において企業は怠慢になり生産性が低下します。それに、政府が資源配分を管理すれば、効率的で柔軟に対応ができずに多くの無駄や非効率が生じます。また、競争がない独占的な環境では、企業は変化を起こすインセンティブがありません。その結果として社会的な問題は解決できずに経済も停滞し、人々は貧しくなります。共産主義の頃のソ連や中国がまさにこれでした。

自由主義経済を維持する上での最大のポイントは私有財産制度と知的財産権です。イノベーションを起こしてもその成果が横取りされたり、金銭的なリターンが得られなかったりすれば、骨折り損のくたびれ儲けです。そんなことがまかり通るなら人々はわざわざ苦労してイノベーションを起こそうとはしませんよね？

本来、成功と失敗は個人や企業に帰属する必要があります。それが人々の責任感を高め、動機付けを強めるからです。それはつまり、リスクを取って成功すればそれが報われることを社会制度として保証することと同じ。こうすることで、企業や個人が大きなリターンを得ようとチャレンジをしてインセンティブを得ることになります。また、そのチャレンジが失敗した場合の責任も明確であるため、慎重な意思決定が行われます。

イギリスの産業革命は自由主義のおかげ

このように、自由主義が経済発展を促すのは個人や企業が自由に選択、決定、競争する環境によって、効率性とイノベーションを促進するからです。実際に、世界で初めて産業が起きたのは自由主義経済を採用したイギリスです。イギリスは世界に先駆けて、資源の最適配分、競争の活性化、労働力や資本の自由な移動などを通じて、持続的な経済成長を実現しました。

逆に、自由主義的な社会制度がなかった古代ギリシャや中国の王朝は、数百年あるいは数千年以上前から極めて進んだ発明品を生んでいたにもかかわらず産業革命を起こすことはできませんでした。

例えば、古代ギリシャには蒸気機関の原型とも言える「ヘロンの蒸気装置（アイオロスの球）」がありました。しかし、ヘロンの蒸気装置は主に娯楽や宗教儀式の装置として使われるだけで、実用的な生産手段として発展することはなかったのです。古代ギリシャには私有財産制度が存在したものの、それは市民権を持つ自由人男性など、特定の身分に限定されていました。この制約が経済活動を抑制し、技術革新や産業化へのインセンティブを削《そ》ぐ要因となりました。

また、古代ギリシャでは奴隷労働が広く普及しており、労働力が低コストで利用可能でした。蒸気機関などの労働節約型技術を開発する経済的インセンティブが欠如していたことも別の理由として挙げられるでしょう。

同様に中国は羅針盤、火薬、紙、活版印刷などの技術を発明しましたが、やはり産業革命を起こすには至りませんでした。その理由はやはり古代ギリシャと同じく、近代的な意味での自由主義とそれに伴う社会制度が欠如していたことにあります。

中国の王朝は官僚制による中央集権的な統治体制であり、技術革新や商業活動が政府の管理下にありました。そのため、技術革新が国家の安定維持に寄与しないと判断された場合、それが抑制される傾向がありました。また、商業活動は盛んでしたが、富を蓄積した商人が社会的に低い地位に置かれており、商業資本が産業化に活用されることは稀《まれ》でした。

これに対してイギリスでは、17世紀以降、私有財産権が広く認められ、多くの人々が財産を所有し経済活動に参加することが可能になりました。法の支配の下で私有財産が保護され、身分制の制約が緩和されたため、自由な経済活動が発展しました。これが産業革命を可能にする重要な基盤となったのです。

もちろん、産業革命がイギリスで起きたのは単一の要因ではなく、経済、社会、政治、技術、地理の要素が複合的に組み合わさった結果ですが、これらの要素が相互に作用した最大の理由は自由主義に基づく社会制度が整備されたことです。ギリシャや中国では、これらの条件が揃わず、産業革命に至らなかったと言えます。古代ギリシャにも存在した蒸気機関が工場の動力として使われるには、技術的な制約よりも社会構造に原因があったわけです。そして、人類は蒸気機関を発見してから実に2000年以上の歳月をかけて、やっとそれを産業に使うことができるようになりました。

産業革命は漸進的な改革だったのか？

さて、ここで話を保守思想に戻します。保守思想においては、伝統を重んじながらも漸進的な改革をすることの重要性が説かれますが、自由主義によってもたらされたこの産業革命は果たして漸進的な改革だったのでしょうか？

この点については議論が分かれるところかもしれません。確かに、その変化があまりにも急激でついていけなかった人がたくさんいました。例えば、産業革命の震源地であるイギリスにおいて、「ラッダイト運動（Luddite Movement）」という反産業革命運動がありました。１８１１〜１８１７年頃にかけて、主に機械化に反発した労働者たちが織機や紡績機などの新しい機械を破壊して回ったのです。労働者たちは、新しい機械の導入が彼らの仕事を奪い、賃金を低下させると考えていました。彼らは伝統的な手工業と労働者の生活の保護を求めましたが、当時のイギリス政府はこの運動を厳しく弾圧し、参加者の多くが逮捕・処刑され、運動は終息しました。

イギリスにおける反産業革命運動は、産業革命がもたらした社会的・経済的変化に対応するための抵抗運動でした。確かに、産業革命には負の側面もあって、労働条件や社会福祉、公害の防止など彼らの抗議にも正当性があったのは事実です。イギリスではこれ以降も長時間労働、低賃金、過酷な労働環境、機械化による失業などに対する抗議活動はたびたび起こっています。そして、労働者の代表として選ばれた国会議員が議会での議論を経て様々な問題解決がなされていったわけです。**もちろん、その結果１００％の理想社会ができたかというとそうではありません。ある問題が解決すれば別の問題が発生し、まさに皿回しのような状態で対応が続いているとも言えます。それはまるでポンコツの中古車を修理して何とか動かしているような状態。そうです、これこそが保守（メンテナンス）な**

のです。車（＝社会）を新車に買い替えることができない人間は、古い車を保守（メンテナンス）しながら走り続けるしかない。

産業革命による社会の変化

確かに産業革命以降のイギリスに理想社会は実現しませんでした。しかし、次々に噴出する社会的な問題を解決するために努力を続けた結果、人類が大きな進歩を遂げたことは事実です。そこで、当時のイギリスにおける経済厚生のレベルを客観的に示すデータを確認してみましょう。

産業革命から年を経るにつれて、平均寿命が伸びて（次頁の図2）、乳児死亡率は減少し（次頁の図3）、平均身長が伸びる（次々頁の図4）という趨勢《すうせい》を確認することができます。これらのデータから分かることは、産業革命が始まったイギリス、それから少し遅れて産業革命が伝播したヨーロッパ大陸において、少なくとも寿命が伸びて、乳児死亡率が下がり、平均身長が伸びたということです。

図 2 イングランド、ウェールズにおける平均余命の推移

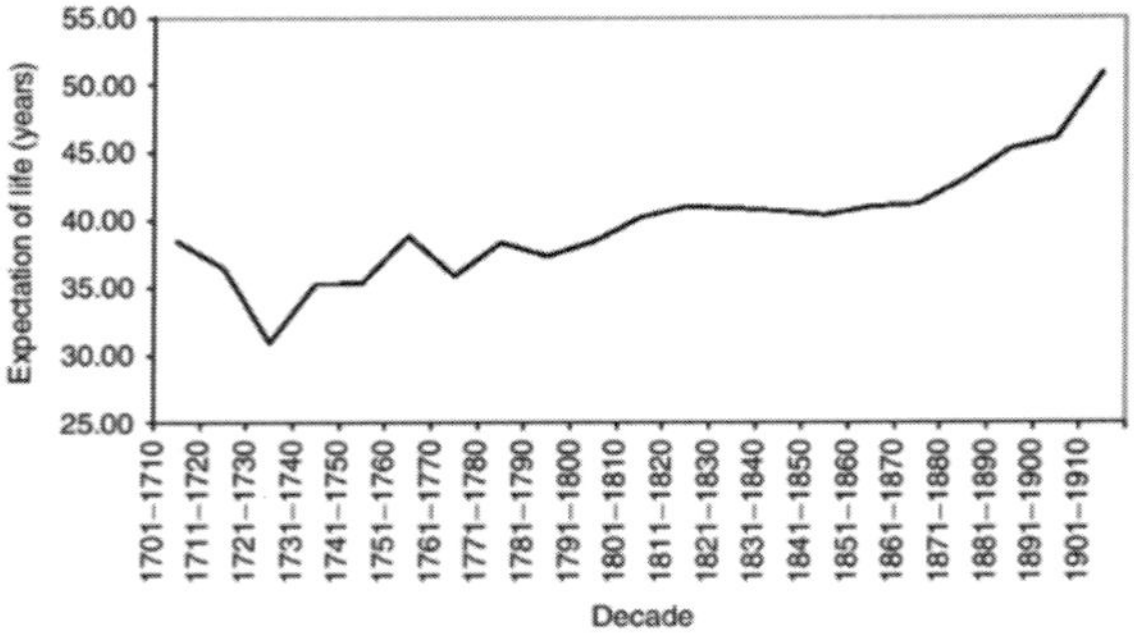

Sources: Wrigley *et al.* 1997, pp. 614–15; Woods 2000, p. 365.

Figure 4.2 Expectation of life at birth in England and Wales, 1701–1910

出典：Floud, R., Fogel, R. W., Harris, B., & Hong, S. C.（2011）. The Changing Body: Health, Nutrition, and Human Development in the Western World since 1700.

図 3 イングランド、ウェールズにおける社会階層別乳児死亡率

Table 4.3 ***Infant mortality rates, both sexes, by father's social class, in England and Wales, 1930/2–2001***

Social Class	1930–32	1949–53	1970–72	1993–95	2001
I	32	19	12	4.5	3.8
II	46	22	14	4.8	3.7
IIIN				5.5	4.8
IIIM				5.9	5.4
III	59	28	16		
IV	63	35	20	6.6	6.4
V	80	42	31	7.7	7.4

Sources: 1930–32, 1949–53, 1970–72: Townsend, Davidson, and Whitehead 1988, pp. 40, 63. 1993–95: Botting 1997, p. 86. 2001: Rowan 2003, p. 38.
Notes: Social Class I: Professional; II: Intermediate; IIIN: Skilled non-manual; IIIM: Skilled manual; IV: Partly-skilled manual; V: Unskilled manual.

出典：Floud, R., Fogel, R. W., Harris, B., & Hong, S. C.（2011）. The Changing Body: Health, Nutrition, and Human Development in the Western World since 1700.

図4 スウェーデン、フランス、オランダにおける平均身長の推移

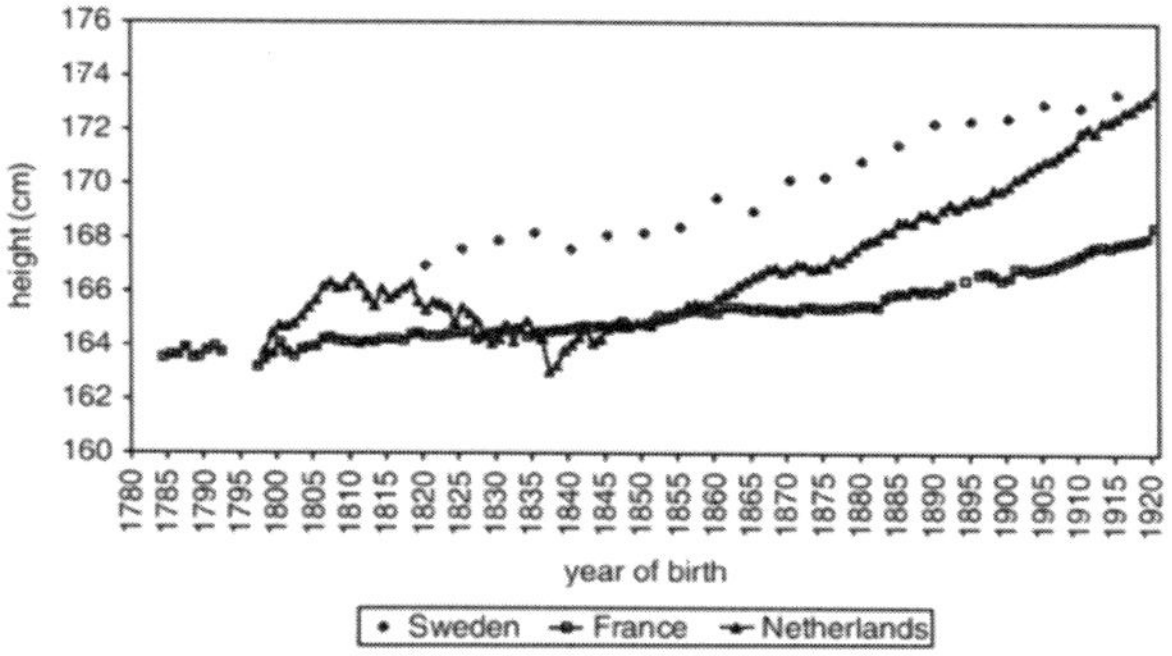

Sources: Sweden: Sandberg and Steckel 1997, p. 129; France: 1784–1902: Weir 1997, p. 191; 1903–1920: Drukker and Tassenaar 1997, pp. 358–60; Netherlands: Drukker and Tassenaar 1997, pp. 358–60.

Figure 5.1 Adult male heights in Sweden, France, and the Netherlands, 1780–1920

出典：Floud, R., Fogel, R. W., Harris, B., & Hong, S. C.（2011）. The Changing Body: Health, Nutrition, and Human Development in the Western World since 1700.

経済学者のコーリン・クラーク氏の推計によると、1700年から1800年にかけてイングランドとウェールズを合わせた人口は580万人から910万人にまで増加しています。フランスは2000万人から2800万人、オランダは120万人から210万人でした。ちなみに、この頃、日本はいまだ産業革命の恩恵を受けていません。国立社会保障・人口問題研究所によれば、1721年（享保年間）の日本の人口は3127万人、それから約120年後の1846年（弘化年間）は3229万人だったということです。ほとんど横ばいです（ソース：https://www.ipss.go.jp/syoushika/tohkei/Popular/P_Detail2022.asp?fname=T01-06.htm)。

身長が伸びたり、乳児死亡率が下がったり、人口が増えたことは、人々の経済厚生が大きく改善した何よりの証拠です。社会の変化についていけなくて批判や抗議をした人もいましたが、結局産業革命による社会の変化は人々に受け入れられることになります。

伝統や歴史を忌むべき因習としない態度

さて、再び保守思想の観点で産業革命の結果を考えてみましょう。産業革命によって、その国の社会構造や環境は一変しました。では、そのことによって保守思想が大切にしている歴史と伝統は失われたのでしょうか？

例えば、日本の産業革命は明治維新から始まります。その結果、日本では誰も丁髷《ちょんまげ》を結わなくなりました。また、道端では刀で武装した武士の姿も見かけなくなりました。和服で暮らしている人もほとんどいません。これは日本文化の消滅なのでしょうか？

しかし、この考え方ですと少し奇妙なことが起こります。古い時代の制度や慣習が伝統で、そこから少しでも外れることが伝統をないがしろにするということなら、極端な話、我々は縄文時代に戻らなければいけないことになりませんか？　なぜなら、縄文時代は今から約1万3000年前から約2300年前までの約1万年間続いた日本史以前の超古代世界だからです。長く続いた時代が伝統だと考えるなら、平城京遷都から現代に至る1300年も、天孫降臨から現代に至る歴史ですら2600年と短すぎです。日本列島に人が住んでから8割ぐらいの間は、縄文時代だったわけですから。では、縄文時代を失ったら日本文化が消滅したことになるのでしょうか？

もちろんそんなバカな話はありません。保守思想の定義をもう一度思い出してください。伝統と歴史を尊重し、その連続性を重視しつつ漸進的な改革は肯定する。縄文時代から現代までの変化はまさにその漸進的な改革の結果であり、誤解を恐れずに言えば縄文時代から引き継いだ何かが我々の社会制度の中に生きている。そう考えるわけです。

もちろん、何が伝統で何を引き継いだかについては議論が分かれることもあるでしょう。**しかし、ポイントは伝統や歴史を軽視し、それを忌むべき因習としてリセットするような態度では決してないというところです。**あえて「態度」という言葉を使いましたが、これ以外に適切な言葉が見付かりませんでした。保守思想とは常に歴史や伝統との結び付きを重視する「態度」を持ちます。

では、その「態度」とは具体的にどのようなものだったのか？　それは歴史的な事実を追いかけることでしか浮かび上がってきません。次章からは、設計主義（主に左翼思想、革命思想）と保守思想の戦いの歴史を振り返ることで、この「態度」を皆さんと共有していきたいと思います。

第2章

フランス革命批判から生まれた保守思想

保守思想を体現した、エドマンド・バーク

「エドマンド・バークも知らんくせに保守を語るなんて……」という上から目線の批判を聞いたことはあるでしょうか？　安倍晋三《あべしんぞう》元総理は日本を代表する保守政治家であり、憲政史上最長の政権を築き上げた偉大な宰相です。その安倍さんをつかまえて、偉そうに「安倍は保守じゃない」と説教をする奇特な人がいるのです。彼らは決まって「安倍はバークを知らない」とか、反対に「安倍はバークの受け売りだ」とか言います。

そんなにエドマンド・バークという人は偉いのでしょうか？　社会主義の家元がマルクスであるのと同じように、保守思想にも家元がいたわけですか？　もちろん、そんなことはありません。**前章の冒頭に書いた通り、保守思想とは「〇〇でないもの」の集合体です。偉大な保守思想家は存在しますが、彼らは決して教祖や家元ではないし、保守思想には教団もなければ本部もありません。**どこかの権威に「保守認定」を受けないと保守思想家を名乗ってはいけないなどという決まりもありません。むしろ「そういうこと言う奴こそが保守じゃない」というのがバークの教えに近いと思います。

とはいえ、西欧の保守思想と言われるものは、フランス革命批判から始まったという歴

史的な側面は否定できません。そういう意味では、確かに「バークを知らずに保守思想を語るな」という批判は大きな間違いではありません。では、その批判に応える意味で、まずはエドマンド・バークとその思想、並びにその時代背景について解説していきたいと思います。

エドマンド・バーク（Edmund Burke, 1729年1月12日〜1797年7月9日）は、18世紀イギリスの政治家で、思想家、作家、演説家としても広く知られています。出生地はアイルランドのダブリンです。アイルランドが独立したのは1937年でしたから、この当時アイルランドはまだ大英帝国（イギリス）の一部でした。父はプロテスタントの弁護士、母はカトリック教徒でしたので、バークは宗教的に寛容な家庭に育ったと言われております。トリニティ・カレッジ（ダブリン大学）で古典学や法学を学び、その後ロンドンで弁護士としてキャリアを積みました。

バークは1765年から庶民院議員として政界に進出し、1794年まで議員として在職しました。在職中はホイッグ党に所属し、政府の政策に批判的な立場を取ることが多かったと言われています。例えば、アメリカ独立戦争については、アメリカ植民地の自治を擁護しました。これに対して、議員のキャリア末期に遭遇したフランス革命については、厳しく批判し、急進的な改革が社会秩序を破壊し混乱を招くと批判しました。

バークは、人間の理性には限界があり、慎重に行動する必要があると主張、社会は歴史、伝統、慣習との連続性を保ちながら漸進的に発展するものだと考えていました。そのため、革命のような急激な改革はこれを破壊する危険があると批判したのです。

そうです！ これこそが前章で私が説明した保守思想そのものです。バークは当時まさにこれを体現していたわけです。バークがフランス革命を批判して書いた『フランス革命の省察』（Reflections on the Revolution in France, １７９０）は、近代保守主義の代表的な文献の１つです。バークの思想はジョン・スチュアート・ミルやトーマス・カーライルといった後の思想家にも大きな影響を与えました。

バークは保守思想の開祖ではない

さて、ここで冒頭の問題に戻ります。「エドマンド・バークも知らんくせに保守を語るなんて……」という上から目線の批判。この言い方、少し気になりませんか？ それは「マルクスを知らずして革命を語るな」に近いニュアンスを含んでいる。まるである思想には創始家元がいてその思想を学ばなければ似非《えせ》であるといった考え方です。確かに、革命の勉強をするならマルクスを知らねばならないでしょうし、キリスト教の勉強をするなら聖書を読むのが一番正しい学習法です。侘茶《わびちゃ》の心を知りたければ千利休《せんのりきゅう》の生涯、思想について学ぶのは王道中の王道です。

しかし、こと保守思想についてマルクスやキリストや千利休のような開祖、創始家元みたいな存在がいたのでしょうか？　実はここが保守思想を理解する上で非常に大きなポイントになります。確かにエドマンド・バークはフランス革命批判を通じてその後の保守思想に大きな影響を与えました。しかし、当時フランス革命の混乱を嫌悪する人はバーク以外にもいたわけで、例えば、バークと同世代のジョゼフ・ド・メーストル（フランスの外交官、カトリック思想家）やルイ・ド・ボナール（フランスの政治家）、フランソワ＝ルネ・ド・シャトーブリアン（フランスの外交官）などもフランス革命を批判したことで知られています。バークに言われて人々が初めてその凄惨な暴力に気付いたわけではありません。革命が歴史の必然だったり、救世主が現れたり、詫び寂びの境地に至ったりするのとはちょっと違う。別に創始家元に言われなくても、「急激な改革って危険だよね」とか、「フランス革命で人が死にまくり！」とか、そういった問題は誰でも気付くわけです。

さらに言えば、バークに先行して宗教的秩序の必要性と、伝統の役割を説いたリチャード・フッカーや急進的な政治改革に反対し、漸進的な改善を支持したサミュエル・ジョンソンなども存在します。政治思想という点で言うなら、社会科の教科書でお馴染みのルソー、モンテスキュー、ジョン・ロックなどはバークの先輩世代に当たります。**つまり、バークの保守思想というのはオリジナルの開祖、家元というわけではないのです。まして、バークの主張は伝統、歴史との繋がりを大切にして漸進的な改革を目指そうというものです。バークのフランス革命批判について知らなくても、同じような考えを持っている人は保守思想的な考えを持っていると言って何ら差し支えありません。**「エドマンド・バークも知らんくせに保守を語るなんて……」と偉そうに上から目線で語る日本人を見て、「こいつは何も分かってないなぁ……」と草葉の陰でバークは嘆いていることでしょう。

血塗られたフランス革命

さて、ここからは近代ヨーロッパ、革命の世紀について世界史の復習です。フランス国王ルイ16世（在位１７７４～１７９２年）は、イギリスとの戦争によって逼迫《ひっぱく》した財政を立て直すために特権身分に対して課税しようと画策していました。ところが、これが大きな抵抗に遭ったので、仕方なく1789年に三部会を招集しました。三部会とは、中世から近世にかけてフランスで開かれていた身分制議会のことです。この時も聖職者、貴族、平民という3つの身分の代表者がヴェルサイユに集まって、国王による特別課税の要求や新税の承認などについて審議しました。この会議の席上、特権身分の第一身分（聖職者）と第二身分（貴族）が、第三身分である平民と対立しました。平民の議員は、自分たちこそが真に国民を代表する国民議会であると宣言します。そして、憲法を制定するまで議会を解散しないと主張しました。

特権身分の中にも平民に同調する者が現れ、最終的にはすべての身分が国民議会に一体化されることになります。ところが、7月14日、パンの価格高騰に激怒したパリの民衆はルイ16世の圧政の象徴であるバスティーユ牢獄を襲撃したのです。民衆は守備隊と激しく銃撃戦を繰り広げた末、午後5時に守備隊が降伏し、囚人は解放されました。また、民衆は弾薬・火薬を奪い、監獄の司令官を斬首しました。フランス革命はスタート時点において血塗られたものだったのです。

バスティーユ牢獄はルイ16世の政治に反対する政治犯が収容されており、専制政治の象徴とされていました。裁判もなしにここにいつ閉じ込められるか分からなかったパリ市民の自由と平等は脅かされていました。バスティーユ牢獄襲撃は、その恐怖の裏返しであり、盛大なストレス解消劇だったと言えます。

アメリカ独立の成功に触発され、自国での変革を求めたフランス兵たち

この事件をきっかけに国民議会は封建的特権の廃止を宣言し、「人権宣言」を採択しました。パリで大事件が起きた余波は全国的な暴動（農民反乱）へと転化していきました。その後の展開は以下の通りです。

1789年 バスティーユ牢獄襲撃、「人権宣言」採択。
1791年 立憲君主制を目指す憲法制定。
1792年 王政廃止、フランス第一共和政成立。
1793～1794年 恐怖政治（ジャコバン派の独裁、ギロチンの乱用）。

１７９５年 総裁政府設立、革命の混乱続く。

拙書『経済で読み解く日本史』（飛鳥新社）シリーズでいみじくも指摘した通り、フランス革命は「経済的に困窮した人々は救済を求めて過激思想に走る」という歴史法則通りに展開しました。とはいえ、本書ではブルボン王朝の経済失政については触れません。むしろ、この革命の思想的な面に大きな影響を与えたアメリカ独立戦争（１７７５－１７８３）とフランスの関わりについて解説します。アメリカ独立戦争の終結から６年後の１７８９年7月14日にバスティーユ牢獄襲撃事件が発生したのは偶然ではなかったのです。

前述の通り、当時イギリスと国際政治上の覇権を競っていたフランスは、新大陸植民地で反乱が発生したことを好機ととらえました。１７７７年10月のサラトガの戦いでアメリカ軍がイギリス軍に勝利すると、フランスは正式に独立勢力を支援して参戦することを宣言します。そして、１７８１年に、後にアメリカ合衆国初代大統領となるジョージ・ワシントン率いる独立軍とラファイエット侯爵の指揮するフランス軍の連合軍がヴァージニアのヨークタウンでイギリス軍を撃破し、イギリス軍は降伏しました。

この戦争に参戦したフランス兵たちはワシントンらが指導する自由、平等、友愛という理念に基づく新しい共和国建設の現場を目撃しました。これにより、彼らはルソーやモンテスキューの啓蒙思想（自由主義）が単なる理論ではなく、実現可能な国家のモデルであるということに気が付きます。なぜなら1700年代末期のフランスは身分制度（アンシャン・レジーム）による極めて硬直した社会構造だったからです。そのせいで政治的・経済的・社会的な不平等が深刻化していました。

第一身分である聖職者は総人口の約1％以下であるにもかかわらず、膨大な土地を所有し、「十分の一税」を徴収する権利を持っていました。ところが、そんな大金持ちなのに税金をほとんど免除されていたのです。

第二身分である貴族も総人口の約2％しかいません。彼らも特権階級として、税金を免除される一方で、農民から地代（領主税）を徴収し、多くの土地を所有していました。貴族は王室や軍、行政の要職を独占し、社会的地位と特権を保持していました。

これに対して総人口の約97％を占める第三身分の平民はその大部分が農民であり、多くが土地を持たず、小作農として苦しい生活を送っていました。彼らは税負担のほぼすべてを担い、経済的にも困窮していたのです。

そんな古い身分制社会に暮らしていたフランス兵たちにとって、アメリカでの戦争体験はまさに衝撃でした。軍事においても貴族のみに頼らない新しいタイプの軍事的リーダーシップや平等な連帯感に多くの兵士が驚き、そして憧れたと言われます。

アメリカから帰国したフランス兵たちは、アメリカ独立の成功に触発され、自国での変革を求める声を上げました。例えば、ジョージ・ワシントンの戦友であるラファイエット侯爵は、アメリカでの経験を基に「人権宣言」の起草に貢献しました。そして、革命初期において国民議会や革命軍の指導者として活動し、自由主義的な立場から立憲君主制を支持し、1790年にはフランス国民衛兵司令官として暴動を鎮圧し、秩序の維持にも努めています。

ジャコバン派が国家を超越した権威に

さて、話をバスティーユ牢獄襲撃直後に戻します。革命の名の下にフランス全土に広がった暴動によって、フランスは国家として弱体化しました。すると、そのタイミングを逃さず周辺諸国はフランスに侵略戦争を仕掛けてきました。まさに当時は帝国主義の時代。

当時の常識は「力の均衡（バランス・オブ・パワー）」でしたから、その均衡が崩れれば戦争が起こるのはむしろ必然でした。とはいえ、フランスが狙われた原因の1つに、打倒される側になってしまったフランスの貴族や聖職者たちの存在があります。彼らは身の危険を感じてフランスを離れ、プロイセンやオーストリアなどの外国に逃れました。そして、逃亡先の外国でフランスに攻め込むように貴族や国王たちを説得したのです。フランスにとってはまさに弱り目に祟《たた》り目、絶体絶命のピンチでした。

ところが、革命の大混乱の中にあったにもかかわらず、フランスはこの包囲網を押し返してしまったのです！　最初の勝利は、ヴァルミーの戦い（1792年9月）でした。ここでフランス軍はオーストリア軍とプロイセン軍からなる連合軍に勝利しました。その理由の1つは精神論です。フランス軍の士気は高く、自由と祖国を守る防衛意識に燃えていました。もう1つの理由は、オーストリアとプロイセンの軍の兵站問題です。両軍は長距離行軍と補給の不足に苦しみ、兵士たちの間で赤痢が流行し健康状態も悪化してとても戦える状態ではなかったと言われています。

それから2か月後のジェマップの戦い（1792年11月）でもフランスは再びオーストリア軍を破りました。この時、フランス軍は約4万人の兵力を有し、約1万3000人のオーストリア軍を大きく上回る数的優位を保っていました。この圧倒的な兵力差を活かしてオーストリア軍が張ったジェマップの丘の防御線を正面突破したのです。フランス軍はそのままベルギーを占領して革命の勢いは拡大しました。

ところが、この勝利に脅威を感じたオーストリア、プロイセン、イギリス、スペインは第一次対仏大同盟（１７９３〜１７９７年）を結成しフランスに対抗してきます。革命政府はこの潜在的な脅威に対抗するため、大規模な徴兵を実施しました。

そんな中、外国の侵略からフランスの共和政を守るためには断固たる行動が必要だと主張する強硬派が議会に現れます。これこそが、ジャコバン派のロベスピエール、サン＝ジュスト、ダントンといった政治指導者たちでした。

ジャコバン派の正式名称は「ジャコバン・クラブ」です。革命的な改革を進めるために集まった急進的な政治団体でした。このクラブはもともと革命を支持する知識人や政治活動家を中心に結成されました。彼らは特に立憲民主制を廃して、王政廃止と共和制の樹立を強く支持していました。

初期のジャコバン派は、まだそれほど強い影響力を持っていませんでしたが、外国からの圧力が強まるにつれてその強硬な主張に徐々に支持が集まります。恐怖から人々がおかしな方向に走るのは今も昔も変わりません。新型コロナのパンデミックが起こった時に陰謀論に闇堕ちした著名人がたくさんいたことを思い出してください。外国が攻めてくるという恐怖の中で、人々がジャコバン派の「断固たる行動」を支持した気持ちも分からないでもないですよね？　恐怖に対する救済の結果として、１７９３～１７９４年にかけてフランス議会の主導権はジャコバン派に移りました。そして、ここからフランスは恐怖政治と呼ばれる狂乱状態に陥ります。

誤解を恐れずにジャコバン派の主張を要約すれば、「フランス共和国を守るためなら何をやってもいい」ということです。具体的には、内部の反革命勢力（王党派、ジロンド派、ヴァンデ地方の反乱など）を徹底的に弾圧、処刑し、国内の結束を強化することが正当化されました。

また、ルイ16世は反革命の干渉戦争を支援する外国勢力（特にオーストリア）と内通していたと難癖をつけられ、国家反逆罪で処刑されてしまいました。１７９１年に制定された憲法は立憲君主制を規定していたにもかかわらず、なぜ彼を処刑したのか？　ジャコバン派の言い分は、ルイ16世を生かしておけばそれが革命への脅威になるというものです。そんな抽象的な理由で人の命、まして代々続いた国王の命を奪ってもいいのでしょうか？

革命という思想のためには憲法すら守らない。ジャコバン派は結果として国家を超越した権威になってしまったわけです。おかしいですね？　啓蒙主義というのは自由主義で、本来なら人権を大事にする思想なのに……。

バークのフランス革命への厳しい批判

さて、お待たせしました。ここでエドマンド・バークの登場です。当時イギリス庶民院議員を務めていたバークはルイ16世の処刑を「無法と野蛮の極致」だと強く批判しました。その主張は彼の代表作『フランス革命の省察』や、その後の書簡などに見られます。

バークは、ルイ16世の処刑をフランス革命が法と秩序を破壊し、社会の基本的な倫理を損なった証拠と見なしました。王はフランス国家の象徴であり、彼を処刑する行為は国家の正当性を否定するものであるというのがその理由です。前章の保守思想の説明を思い出してください。保守思想は歴史的な連続性を大切にします。王が存在したという過去をもっと大切にすべきだという主張はまさに保守的な考え方と言えるでしょう。

バークは、伝統的な君主制が長年にわたり社会の安定を支えてきたと考えており、それを急激にかつ無理やり覆す行為は危険であると警告しました。また、フランス革命が急進的改革によって歴史的な慣習と社会的調和を破壊し無秩序状態を招いたと非難しました。特に、王妃マリー・アントワネットの処遇にバークは深い憤りを感じ、彼女が革命の暴徒によって侮辱され、虐待され、処刑されてしまったことは大問題であると批判しました。これぞまさにモラルの低下であり、無実の人間への暴力そのものであると。

バークは前掲書の中で「狂気の暴徒が古き良き秩序を破壊し、野蛮な力を国家に押し付けている」と批判し、特にマリー・アントワネットについては「今から16年か17年前のこと、私はヴェルサイユでフランスの王妃、当時は皇太子妃だった彼女を見ました。その時、地上には、彼女のようにこの世界にほとんど触れることなく佇む、これほど心を惹き付ける存在がいたでしょうか」と述べました。

バークが言わんとしていることは単にマリー・アントワネットの魅力や品格が素晴らしいということではありません。**フランス革命が彼女に対して行った虐待と不敬、革命政府が彼女へ行った迫害はまさに文明の崩壊と倫理の欠如を象徴するものだという厳しい批判です。**バークが革命の暴力と野蛮さに対して深い憤りを抱いていたことを如実に示す言葉であったと言えるでしょう。

「名誉革命」と呼ばれる所以とは?

ただ、ここで気を付けないといけないのは、フランス革命を徹底的に批判したバークが変化そのものを否定し、アンシャン・レジームの継続を願ったわけではないということです。なぜなら、バークは1688年にイギリスで起こった名誉革命を「伝統と秩序を守りながら必要な変革を実現した模範的な革命」として評価しているからです。

名誉革命とは17世紀のイングランドにおいて、絶対王政を志向し、議会の意向を無視した統治を進めた国王ジェームズ二世を追放し、オランダ総督ウィリアム三世とその妻メアリー二世を新たな共同君主として迎え入れた出来事です。

ジェームズ二世はカトリック信仰を公然と支持し、イギリス国教会を重んじる議会や国民との間に分断を広げました。そして、ジェームズ二世に息子が生まれたことで、カトリックによる王朝が続くとの危機感がイギリス国内に高まります。1688年、議会の有力者たちはオランダ総督ウィリアム三世(ジェームズ二世の娘でプロテスタントのメアリーの夫)を招き、イングランドに介入するよう依頼しました。同年11月、ウィリアムは軍を率いてイングランドに上陸。ジェームズ二世は支持を失い、フランスへの逃亡を余儀なくされました。

名誉革命の結果、イギリスに立憲君主制が成立し、1689年に「権利の章典」（Bill of Rights）が制定されました。君主の政治的な権限は制限され、以降は議会が政治権力を代表するよう権利が強化されたのです。**これだけ大きな社会変革を成し遂げたイギリスですが、なんとこの革命では流血はほとんどありませんでした。後のフランス革命とは大違いです。そして、これが「名誉革命」と呼ばれる所以でもあります。**

バークはその著作『フランス革命の省察』において、以下5つの点から名誉革命を評価しています。

1つ目は、名誉革命を「秩序ある変革」として評価している点です。前章で解説した通り、保守思想とは伝統と秩序を維持しながら必要な改革を実現すること。まさに名誉革命はその名にふさわしい出来事でした。いみじくも前掲書には「（名誉革命）は革命を起こすためではなく、革命を防ぐための革命だった」と書かれています。名誉革命が既存の社会秩序を保ちながら、専制を排除し、イギリスの憲政体制を守るためのものであったことを評価しているのです。

2つ目は、名誉革命の合法性と正当性です。バークは名誉革命が急進的な変化ではなく、慎重な手続きを踏んだ改革であった点を強調します。前掲書の中では「名誉革命は、我々の古くからの疑う余地のない法と自由、そして法と自由の唯一の保障である古来の憲法体制を守るために行われたものである」と述べ、それが「保守的な革命」だったと評価しています。確かに、既存の伝統的な体制を損なわない形での権力移行を実現した事実はまさにこの評価の通りです。

3つ目は、社会契約の維持（相続）という点です。バークは名誉革命を経ても社会契約が継続され、過去からの連続性が守られたことについて、次のように述べています。

「我々は名誉革命の時代においても、現在においても、我々が持つものすべてを祖先からの遺産として引き継ぐことを望んでいる」

伝統や歴史の連続性を重視し、祖先から受け継いだ社会制度を継承することはとても重要だという意味です。

4つ目は、フランス革命の急進性、暴力性との対比です。前掲書の中では次のような辛辣な批判が書かれています。

「フランス人は、もっとも不法な簒奪者《さんだつしゃ》や血に飢えた暴君に対する反乱以上の激しい怒り、暴力、侮辱をもって、穏健で合法的な君主に対して反乱を起こした」

今ならフランス人に対するヘイトスピーチと言われてしまうかもしれませんが、バークはそれほどにフランス革命の無秩序、破壊、暴力を憎んでいたのです。これに対して名誉革命は流血そのものがほとんどなかったわけですから、評価されて当然です。

そして、最後は実際の統治への影響についてです。名誉革命によって、イギリスは立憲君主制、議会主義などの憲法体制を確立し、その後も基本的にこの体制を保守（メンテナンス）することで国家として存続してきました。ところが、フランス革命はどうでしょう？革命によって成立した立憲君主制はジャコバン派の恐怖政治により過激な共和政へ、さらにそこからナポレオン独裁による帝政へと大きく揺れ動きました。政治的な不安定性はその後、約80年も続きました。

ジャコバン派の蛮行は誰の目にも明らか

さて、ここで話をフランス革命に戻しましょう。ジャコバン派の独裁は１７９３年６月から１７９４年7月までのたった1年間でしたが、反革命分子として逮捕・収監された人々は約50万人にも上ります。死亡者は３万５０００～４万人で、人民裁判によって死刑判決を受けて執行されたのは約1万6000人だったと言われます。

1800年頃のフランスの人口は、正確な数値は分かっていませんが、パリの人口が約54万人だったと言われていますので、首都の人口の7~8%に相当する人が殺されたわけです。これを今の日本の人口で換算するなら約百万人に相当します。本当に凄まじい大量殺人だったことがうかがわれます。革命という理念のためにこんな残虐なことが許されるのか? バークの著作を読んだことがない人でも、当然そういう疑問が湧くはずです。

ここで、前章で説明した「設計主義」について思い出してください。フランス革命の理念である「自由・平等・博愛」は素晴らしい価値観であることには同意します。しかし、それを守るためにありとあらゆることが許されるという部分には同意しかねます。もちろん、国家に対する反逆は取り締まる必要はあるでしょうが、それは客観的な証拠と公正な裁判によって実行されなければなりません。ジャコバン派は恐怖に駆られて結論ありきの人民裁判を行い、多くの人をギロチンで処刑しました。トンデモない話です。

さて、しつこいかもしれませんが、ここで本章冒頭の話を再び蒸し返します。「エドマンド・バークも知らんくせに保守を語るなんて……」という上から目線の批判に一体何の意味があるのか? 別にバークのことを知らなくたってジャコバン派の行いは誰の目にも余る蛮行だと思いませんか？　フランス革命のこの狂乱状態を見て、「こんなことならこれまでの社会秩序をもう少し大事にしたら？」と考えるのは極めて自然なことです。バークに教えてもらわなくたってそれぐらいのことは分かる。少なくとも日本においては聖徳《しょうとく》太子《たいし》の十七条憲法の時代からそんなことは常識です。

フランス革命を批判するという形で世に出た欧州の保守思想ですが、その代表であるバークの思想は極めて自然な倫理観から発しているように私には思えます。そして、その倫理観の背景にあるのはバークが育ってきたイギリス（アイルランドも含む）の歴史、伝統、倫理観などであることは間違いありません。

では、ここでこんな事例について考えてみましょう。本居宣長《もとおりのりなが》、山鹿素行《やまがそこう》、荻生徂徠《おぎゅうそらい》など江戸時代の思想家たちは、支那大陸で展開される「天命に基づく王朝交替」＝易姓革命論は日本には当てはまらないと主張しました。それは歴史的・文化的条件に依存するものであり、単純に日本に当てはめても意味がない。そもそも日本には万世一系の天皇がいて、王朝は交代せずに続いています。政治の正統性は単なる道徳評価や天命の循環に委ねるものではなく、伝統、歴史的連続性、そして国民・国家固有の精神に基づくべきだ、と彼らは主張したのです。これも立派な保守思想ですよね？

ところが、彼らはバークのフランス革命批判どころか、おそらくバークの存在すら知らなかった。バークを知らんから保守思想でないなどと言えるでしょうか?

バークは歴史の連続性、それまでの社会秩序を大切にしろと言っていますが、「私の著作を読んだことのない者はニワカ、保守思想を名乗るな!」とは絶対に言っていません。バークを使ってマウントを取っている人々はバークの思想の根幹部分を本当に理解しているのか? 極めて怪しいと言わざるを得ません。

独裁者ロベスピエールのあっけない最期

さて、話をフランス革命に戻します。ロベスピエールが率いるジャコバン派は、革命の敵と見なした者を次々と処刑し、恐怖政治を極限にまで進めました。その結果、粛清対象が革命支持者にも拡大してしまいます。当然、公安委員会内や国民公会(議会)で反発が高まりました。

1794年7月26日(テルミドール8日)、国民公会で、ロベスピエールは「陰謀者たちが革命を裏切っている」と大演説をぶちました。ところが、その陰謀者の具体的な名前を挙げなかったため、多くの議員が「自分が粛清対象になっているかも」と恐怖を感じました。こうなると被害者側が結束します。瞬く間に反ロベスピエールの動きが活発化し、翌日には状況が一変していました。再び国民公会でロベスピエールが演説を始めると、議員たちが反発して激しいヤジを飛ばし演説が妨害されてしまったのです。ロベスピエールの妹と交際していた後の刑務大臣ジョセフ・フーシェはロベスピエールを裏切り、「恐怖の支配者」と陰口をたたいて反ロベスピエール運動を盛り上げました。

そして、国民公会はこの日、なんとロベスピエールとその主要支持者らの逮捕を決議したのです。7月27日（テルミドール9日）、ロベスピエールはパリ市庁舎に逃亡を図りましたが、失敗し逮捕されました。7月28日（テルミドール10日）、ロベスピエールらが皮肉にもギロチンで処刑され、恐怖政治が終焉しました。これがいわゆるテルミドール9日のクーデターです。絶対的な存在として君臨した独裁者ロベスピエールのあっけない最期でした。

自由主義的な思想に基づいて身分制を打破して特権をなくす。改革の方向性としては妥当でしたが、外国による侵略の恐怖に駆られた民衆は最悪の強硬派をリーダーに選んでしまった。その結果、「自由・平等・博愛」の精神は単なる理念と化し、外国から革命を防衛することが何よりも優先されるようになってしまったのです。**恐怖政治の本質とはまさにこれ。強硬派の存在と、その強硬派に救済を求める民衆の期待がこんな理不尽な社会システムを作り出してしまったのでした。**

恐怖政治以降の不安定なフランス政治体制

その後、フランスは共和制と王政復古（立憲君主制）と独裁制の間を揺れ動きました。移行期間にクーデターや革命が起こることもしばしば。１８７０年の第三共和政が始まるまで、短くて4年、長くても18年しか政治体制は持ちませんでした。恐怖政治以降のフランス政治史を分かりやすく年表にしてみましたのでご確認ください。

総裁政府　4年間（1795～1799年）

５人の総裁が行政を指導し、立法府と実行府の分立を特徴としましたが、政治的腐敗と不安定な経済状況が続き、ナポレオンのクーデターで打倒されました。

ナポレオンの統治　16年間（1799〜1815年）

ブリュメール18日のクーデターでナポレオン権力を掌握し、執政政府を樹立。１８０４年に皇帝として即位し、ナポレオン帝政を開始。１８１４年にイギリスなどの同盟諸国との戦争に敗れ、皇帝を退位してエルバ島に流刑されました。１８１５年、エルバ島を脱出して権力を再度握るも、ワーテルローの戦いで破れ、失脚、退位。フランスは再び王政に戻ります。

復古王政　16年間（1814〜1830年）

ルイ18世が即位したフランスは一時的にブルボン王朝の支配下に戻りました。この期間、フランスは立憲君主制を採用しましたが、王政に対する不満や革命の遺恨で政治的対立が続きました。

１８３０年7月27日から29日の3日間（「栄光の3日間」）にかけてパリで暴動が発生。バリケードが街中に築かれ、市民軍と政府軍の市街戦となりました。政府軍は市民軍の勢いを止められず、政府は事態を収拾できないまま、シャルル十世は亡命しました。いわゆる七月革命です。

七月王政　18年間（1830〜1848年）

七月革命により、シャルル十世が退位し、ルイ・フィリップが「市民王」として即位しました。この時期、フランスは立憲君主制を採用し、資本家（ブルジョワジー）の利益を反映した政治体制となりました。中でも、革命を支援した大銀行家ラフィットを中心とする自由主義政治家たちは、市委員会を組織して事態の主導権を握りました。しかし、あまりにも資本家に有利な社会制度により労働者や貧困層からの不満も高まりました。

1848年2月22日、またしてもパリ市内で学生や労働者が蜂起し、抗議デモが始まります。バリケードが街中に築かれ、市民軍と政府軍が衝突、市街戦が始まりました。まるで歴史が繰り返しているようです。反乱は瞬く間に政府の手に負えない規模に拡大し、2月24日に国王ルイ・フィリップは退位し、亡命しました。

第二共和政　4年間（1848〜1852年）

二月革命によりルイ・フィリップが退位。フランスは共和制に移行し、第二共和政が成立しました。工業化と社会問題が深刻化する中、当時としては画期的な男子普通選挙による大統領選が実施されました。その選挙で当選したのは、なんとナポレオンの甥であるルイ＝ナポレオンです。

第二帝政　18年間（1852～1870年）

ルイ＝ナポレオンはクーデターを起こして帝政を樹立。ナポレオン3世として即位しました。意外にも労働者の団結権を保証するなど社会的弱者にやさしい政策を次々と実施したものの、新興国プロイセンとの間で余計な戦争（普仏戦争）を起こし、逆に敗北して失脚しました。

このように、ジャコバン派の恐怖政治から始まったフランスの政治体制は、革命の遺産とともに幾度も変遷を繰り返し、最終的には第三共和政という形で落ち着きました。多量の出血を伴いながら度重なるパリでの市街戦を経て、約80年もの回り道をしてたどり着いた結論は共和政だったわけです。もう少し冷静に、穏健に政治体制を移行することはできなかったのでしょうか？　エドマンド・バークはこの展開を予想していたのかもしれません。

バークと同じくフランス革命を批判したコンスタン

とはいえ、フランス革命を批判した同時代人はバークだけではありません。ジャコバン派の恐怖政治を批判し、フランスの政治を立て直そうとした思想家がいます。彼の名はアンリ＝バンジャマン・コンスタン・ド・ルベック（以下コンスタン）。彼の思想は、制限選挙を擁護する保守的な一面と、自由主義を追求する革新的な一面が混在しており、この激動の時代の移行プロセスを理解する上で大変示唆に富んでいます。

コンスタンは、フランス革命前夜（1789年）からジャコバン派の恐怖政治（1793〜1794年）の直前まで、ヨーロッパ各地で学業や知的活動に従事しつつ、フランス革命の動向を見守っていました。

1767年、スイスのローザンヌに生またコンスタンは、1783〜1787年にジュネーヴ大学で学び、古典文学や哲学を修めました。この時期にスイスの啓蒙思想の影響を受け、個人の自由や合理主義の重要性を学びます。

1788年、フランス革命直前にドイツのエアランゲン大学、イギリスのオックスフォード大学で学び、国際的な視野を広げました。そして、1789年にバスティーユ牢獄襲撃でフランス革命が始まると、コンスタンはスイスから革命の動きを注視していました。1793年にジャコバン派の勢力が拡大し、恐怖政治の兆しが見える中、彼は革命の展開を注意深く観察し、暴力が自由の理念を損なう危険性を見抜きました。そして、この時期に理性や対話を重んじる穏健な自由主義の必要性を確信するようになります。

そして、コンスタンはジャコバン派の過激な措置を「自由の名の下に行われた専制」として強く批判しました。当たり前のことですが、フランス革命を批判したのは何もバーク一人だけではなかったのです。

恐怖政治では、権力が一極集中すると個人の権利を侵害し、国家の暴力が正当化される危険性が高まることを明確に示しました。コンスタンはこれを教訓とし、権力を分散させ、法の支配によって自由を保障する必要性を強調しました。特に、個人の自由（表現の自由や信仰の自由など）を守ることが、権力の濫用を防ぐ鍵であると考えました。

また、コンスタンは、理想の追求が過激化し、暴力を正当化することに強い警戒心を抱きました。彼は「自由は強制や恐怖の下で成り立つものではない」と主張し、穏健で漸進的な改革を支持しました。このあたりもバークの考え方とさほど変わりはありません。

コンスタンは恐怖政治の集団主義的な思想に反対し、個人の幸福や権利が政治の中心で

あるべきだと考えました。この考え方は、後の「近代的自由」の概念に繋がります。

特に、個人の自由と集団の圧力の調和を追求する彼の思想は、この時期の経験から生まれています。また、彼は独裁的な統治を防ぎつつ、自由と秩序が共存する社会の設計を目指しました。

ルイ＝ナポレオンのクーデターで繰り返される歴史

ナポレオンが失脚して復古王政が開始されると、ルイ18世は「1814年憲章」を公布しました。この憲章は制限選挙制度を採用し、一定の財産を有する男性のみが選挙権を持つ仕組みでした。コンスタンは、財産資格を持つ制限選挙を支持しつつ、これを「民主的自由の安定を守るための必要な制約」と位置付けました。それは、ジャコバン派の恐怖政治から、大衆の暴走と同調圧力の恐ろしさを学んだからです。彼は誰もが投票できる普通選挙がいわゆるポピュリズムを呼び起こし、社会が混乱することを恐れました。そして、段階的な民主化が必要であると主張しました。

翌年からフランスの議会制度が二院制（貴族院と代議院）となりましたが、コンスタンはこれを支持し、「権力の分散と抑制」が可能になると評価しました。

ところが、1815年にエルバ島に流刑になっていたナポレオンが復帰（百日天下）すると、コンスタンは、一転してその政府に加わり、人々の非難を浴びました。

1819年、コンスタンは百日天下でナポレオン支援に回ったことを反省しつつ、「近代人の自由と古代人の自由」という論文を発表します。その中でコンスタンは現代の大規模な国家では古代ギリシャのような直接民主制ではなく、市民が立法府の構成員を選び、その立法府が市民の利益を代弁する代表民主制がふさわしいと主張しました。要はうまくいっている隣のイギリスを見習えということです。そして、この提言は復古王政期の議会制改革に影響を与えたと言われています。

1820年代に、復古王政下での制限選挙制度における改革論議が進行した際にも、コンスタンは普通選挙に急進的に移行することを危険視し、経済的安定や市民教育の進展に基づく段階的な改革を提案しています。この時は、急進派と保守派の間の調停役として、漸進的な選挙権拡大を訴えました。

1830年の七月革命後、フランスは「七月王政」と呼ばれる立憲君主制を採用しました。七月革命の直前に執筆されたコンスタンの著作や演説は、自由と秩序を両立させるための選挙制度改革の必要性を訴え、王政側と穏健派の支持を得ました。その影響で「七月憲章」（１８３０年）に基づく選挙制度では、財産資格が引き下げられ、選挙権が一部拡大されました。しかし、この年の12月、コンスタンは亡くなってしまいました。

それから18年の歳月を経てコンスタンが段階的に進めた普通選挙の移行は、皮肉なことにナポレオン3世という新たな独裁者の誕生を許してしまいます。１８４８年の二月革命で、ルイ・フィリップ王が退位するとフランスは王政から再び共和政（第二共和政）に移行しました。第二共和政下では、男子普通選挙が導入され、民意を直接政治に反映させる制度が採用されました。これがまさにコンスタンの恐れていた事態、ポピュリズムによる大衆の暴走を呼び起こしたのです（ちなみに、フランスで女性が選挙に参加したのは第二次世界大戦後のことです）。

１８４８年12月に実施された大統領選挙において、ナポレオン・ボナパルトの甥であるルイ＝ナポレオンが立候補し、叔父の圧倒的な知名度を利用した有利な選挙戦を展開しました。そして、農民や保守派の支持を集め、圧倒的な票差で大統領に当選してしまったのです。当時のフランスの有権者の多くは農村部の住民であり、彼らの保守的な価値観やナポレオン家のカリスマに訴える戦略が功を奏しました。

第二共和政において、フランス大統領の任期は4年で再選は禁止でした。**ところが、任期満了直前の1851年12月2日、ルイ＝ナポレオンは突如クーデターを敢行し、議会を解散します。そして、この憲法を無効化してしまったのです。クーデター後、ルイ＝ナポレオンは国民投票を実施し、自身の行動の正当性を民意によって担保しました。**この国民投票において、圧倒的多数が彼を支持したとされ（支持率約90％）、これにより彼は権力基盤を強化しました。1852年、再び国民投票を実施し、自身の皇帝への即位が承認されました。コンスタンの懸念は的中したのです。

ところが！　さらに意外なことが起こります。ルイ＝ナポレオンは単なる独裁者ではありませんでした。彼は格差の解消やインフラ整備など、人々の経済厚生にプラスになる政策を次々と実行に移したのです。例えば、1864年には労働組合を合法化し、労働者の権利を一定程度保護。ストライキの権利も一部認められるようになります。また、労働者のための住宅プロジェクトを支援し、都市部での劣悪な住環境を改善しました。また、初等教育を拡充し、識字率を向上させるべく、特に農村部での学校建設が進められました。これはまさに格差是正を目指した政策だったと言えるでしょう。

しかし、所詮は独裁者。最後はプロイセンに余計な戦争を仕掛けた上に敗北。自身も捕

虜になるという大失態を演じます。ここで万事休す、権力の座から引きずり降ろされたのです。

1870年、普仏戦争の敗北によりナポレオン3世ことルイ＝ナポレオンは失脚し、フランスは3度目の共和政に移行しました。この共和制は意外と長く、ナチスドイツに侵略され国がなくなる1940年まで70年間も続きました。第三共和政が長く続いたことを、コンスタンも草葉の陰で「やっと社会的安定が訪れた」と喜んだことでしょう。

思想家の主張は「文脈」で理解すべし

さて、本章ではフランス革命を批判した2人の思想家を紹介しました。エドマンド・バークとバンジャマン・コンスタン。どちらもフランス革命を批判的にとらえ漸進的な改革こそが必要だと訴えた思想家ですが、バークは保守思想家、コンスタンは自由主義者に分類されています。しかし、実際の彼らの主張を比べてみると、根本的な部分では言っていることにあまり差はないように思われます。社会の変革は必要だが、急激に進めるといろいろと問題が起こる。この点で認識はほぼ共通しているのではないでしょうか？

〇〇思想とか〇〇主義という名称は後世の歴史家や哲学者がそのように整理しただけの話で、当時それらの主張をしていた人はおそらくそのようには名乗っていなかったことでしょう。その時に発生した問題の解決策を試行錯誤しながらいろいろやっていた。それだけのことではないでしょうか?

だからこそ、バークやコンスタンに限らず、様々な思想家の主張はその時代の「文脈」の中でとらえる必要があるのです。〇〇主義という紋切り型の理解は大変危険です。そうならないために、時代背景をしっかりと理解すること、その当時の常識は今の常識とは異なることを意識することが大事なのではないでしょうか。

シレっと追記しますけど、フランスで女性参政権が認められたのは1944年の終戦直前、実際にその選挙権に基づいて最初に選挙が行われたのは終戦後の1945年秋です。フランス革命の闘士たちが影響を受けたアメリカにおいて、黒人奴隷に選挙権なんてありませんでした。女性や黒人は残念ながら人間としては劣っていて、参政権なんてまだ早すぎるというのが当時の考えだったわけです。そもそも、ジョージ・ワシントンを始めとしたアメリカ建国の父たちもみんな奴隷を所有していました。今風に言えばヘイトですよね? さらに言えば、バークがあれほど評価した名誉革命ですが、そもそもそれ以前にあった清教徒革命の凄惨な暴力への反省から流血を避けようとみんなが頑張った結果なわけです。清教徒革命はフランス革命と大差ない惨状でしたから。

もちろん、バークやコンスタンの議論からはそういう部分はスポっと抜けています。だからダメだということではないんです。だって彼らの時代は厳しい身分制度から人々がやっと解き放たれたばかりの時代。男子普通選挙ですら実施するかどうかで揉めていた時代ですよ。そんな時に、女性や奴隷のことまで話し合っていたら問題処理能力の限界を超えてしまう。一気に社会問題を解決することは難しい。残念ですがそれが現実です。

1つ1つの問題に対処する。漸進的に。後から振り返って「何でこんな簡単なこともできないんだ！」と上から目線の批判をしない。それが保守思想による問題解決の作法なのです。

第3章

日本の保守思想の源流

明治維新こそ、日本の近代保守思想の原点

さて、本章からは舞台を日本に移して、近代保守思想の源流から現在に至る流れを解説していきます。まずは、その原点から。江戸時代の思想家をたくさん挙げる方もいるかもしれませんが、私はずばり明治維新こそが原点だと思います。なぜか？

明治維新による社会の変化は「革命」と言っていいぐらいの大きなものでした。身分制度はなくなり、年貢は地租に変わり、憲法が制定され議会もできて選挙も行われるようになったからです。

江戸時代は言ってみれば徳川家と大名が連合した軍事政権であり、一定の身分がなければ政治には参加できませんでした。また、身分は基本的に世襲であり、生まれた瞬間に将来その人がどのような職業に就くのかもほぼ決まっていました。

もし、フェートン号事件から安政の開国に至る外圧がなければ、江戸時代はもっと長く続いていたことでしょう。しかし、世界はそれを許さなかった。日本は欧米列強との国交を開かざるを得ない圧力を受け、不平等条約を飲まざるを得ない状態に追い込まれたのです。なぜ欧米列強に勝てなかったのか？　理由は簡単です。まずは軍事力の差。そして、

その差をもたらす科学技術が最大の問題でした。

ここで第1章の話を思い出してください。私有財産制度が確立していない国ではイノベーションは起こりません。古代中国は羅針盤を発明しても、大航海時代はこなかった。同じことが封建時代の日本にも言えるわけです。

明治維新の原動力となった下級武士たちはこのことにいち早く気付き、社会改革の必要性を訴えました。しかし、当時の徳川幕府はこれをたびたび弾圧しました。改革派は同盟を組んで戦い、大政奉還から最後は戊辰戦争という暴力によって守旧派を粛清。明治新政府が立ち上がったわけです。このあたりの歴史についてはこれだけで本が何冊も書けてしまうので省略します。

明治維新で最も重要なこととは？

問題は、明治維新において伝統や正統性が思想的かつ理論的にどのように確保されたかという点です。維新は維新であって決して革命ではない。そもそも、明治維新という呼称自体、維新が終わった後に後付けされた名称です。やっている最中には「御一新《ごいっしん》」と呼ばれていました。御一新、つまり何かが大きく変わるというニュアンスでしたが、終了後それは革命ではなく維新であると定義付けられました。**明治維新において最も重要なこと、それは明治天皇が古代から続く万世一系の継承者として、国家の正統性を象徴した点にあります。**

天皇は日本の歴史における「万世一系」の象徴であり、国家の正統性を維持する中心的な存在でした。幕末の混乱期においても、その権威は失われていません。幕末も例外なく歴代将軍は天皇の任命で就任していますし、むしろ条約勅許《ちょっきょ》問題など朝廷の権威をさらに利用する動きすらありました。そのため、維新期において「王政復古」のスローガンが浮上したのは、その正統性から言えば当然のことでした。

この考え方の萌芽は水戸黄門《みとこうもん》でお馴染みの徳川光圀《とくがわみつくに》がまとめた『大日本史』という歴史書の中に見て取れます。それを発展させた水戸学、特に後期水戸学は明治維新の理論的な支柱の1つになりました。

新政府は、多くの改革を実施するにあたり、その正当な理由を日本の伝統的価値観に結び付けて説明しました。もちろんかなり苦しい説明もありますが、伝統と結び付けて解釈するという点がとても大事です。この点で、天皇は新しい時代の象徴でありながら、古来の伝統とも連続性を持つ存在でした。

特に大事なのは、五箇条の御誓文（１８６８年３月）です。御誓文は明治新政府の基本方針を明確化する文書であり、その内容には革新性と保守性が共存しています。明治新政府が目指したもの、それは当時の欧米のような自由主義、言ってみれば「自由で開かれた社会」でした。

廣《ひろ》ク會議《かいぎ》ヲ興《おこ》シ萬機《ばんき》公論《こうろん》ニ決スヘシ

自由で開かれた社会とは、保守思想が目指す漸進的な改革を実現するための基盤となるものです。個人の自由が最大限に尊重され、同時にその自由が社会全体の利益と調和する形で保障されるからこそ、自由に議論ができ、その結果として衆知を集めることができる。

そして、一定の結論が出た後で常にそれを振り返り効果を確認しながらまた次の漸進的な改革に着手する。すでに何度か出てきましたが、保守という言葉は英語で言えば「メンテナンス」です。私たちの社会は古い自動車みたいなものですが、新車に買い替えるわけにはいかないのです。前述の通り、急進的な改革には大きなリスクが伴うため、古いポンコツでも修理しメンテナンスしながら乗り続けるしかない。そのためには、当事者すべてが整備士としてこの修理に参加する必要があります。**自由な議論を通じて、みんなで決めていく社会。何を隠そうこれこそが五箇条の御誓文にある一節「廣《ひろ》ク會議《かいぎ》ヲ興《おこ》シ萬機《ばんき》公論《こうろん》ニ決スヘシ」そのものなのです。**

五ヶ条ノ御誓文（明治元年三月十四日）

一　廣ク會議ヲ興シ萬機公論ニ決スヘシ

一　上下《しょうか》心ヲ一ニシテ盛ニ經綸《けいりん》ヲ行フヘシ

一　官武《かんぶ》一途《いっと》庶民《しょみん》ニ至ル迄各其志ヲ遂ケ人心ヲシテ倦マサラシメン事ヲ要ス

一　舊來《きゅうらい》ノ陋習《ろうしゅう》ヲ破り天地ノ公道ニ基クヘシ

一　智識ヲ世界ニ求メ大ニ皇基《こうき》ヲ振起《しんき》スヘシ

我國未曾有ノ変革ヲ爲ントシ朕躬《ちんきゅう》ヲ以テ衆ニ先ンシ天地神明ニ誓ヒ大ニ斯國是ヲ定メ萬民保全ノ道ヲ立ントス衆《しゅう》亦《また》此《この》旨《し》趣《しゅ》ニ基キ協心努力セヨ

「五箇條の御誓文」意訳（口語文）

一、広く人材を集めて会議を開き議論を行い、大切なことはすべて公正な意見によって決めましょう。

一、身分の上下を問わず、心を1つにして積極的に国を治め整えましょう。

一、文官や武官は言うまでもなく一般の国民も、それぞれ自分の職責を果たし、各自の志すところを達成できるように、人々に希望を失わせないことが肝要です。

一、これまでの悪い習慣をすてて、何ごとも普遍的な道理に基づいて行いましょう。

一、知識を世界に求めて天皇を中心とするうるわしい国柄や伝統を大切にして、大いに国を発展させましょう。

これより、わが国は未だかつてない大変革を行おうとするにあたり、私はみずから天地の神々や祖先に誓い、重大な決意のもとに国政に関するこの基本方針を定め、国民の生活を安定させる大道を確立しようとしているところです。皆さんもこの趣旨に基づいて心を合わせて努力して下さい（参考：https://www.meijijingu.or.jp/about/3-3.php）。

明治神宮の公式ＨＰでは明治天皇が御誓文を布告された時代背景を次のように説明して

います。

慶応3年（1867年）10月、将軍徳川慶喜《とくがわよしのぶ》は大政を奉還し、12月9日には王政復古の大号令が発せられ、幕藩体制に代わる新政府が成立しました。しかしながら開国まもない当時の日本の世情は依然混沌としており、国際的にも多くの問題を抱えておりました。慶応4年（明治元年）3月14日、明治天皇は京都御所紫宸殿《きょうとごしょししんでん》に公卿《くぎょう》・諸侯以下百官を集め、維新の基本方針を天地の神々にお誓いになりました。絵には副総裁三條實美《さんじょうさねとみ》が五箇條の御誓文を御神前に奉読する光景が描かれています。明治天皇は白の御引直衣《おひきのうし》をお召しになり玉座に南面し、御神前に御身体をお向けになっておられます。この日、天皇みずからが国難の先頭に立って伝統あるこの国を護り、世界各国との親交を深めつつ国を隆昌《りゅうしょう》に導こうとするにあたり、国民への協力を求める告諭（宸翰《しんかん》）が、御誓文とあわせて布告されました（参考：https://www.meijijingu.or.jp/about/3-3.php）。

天皇自らが先頭に立って近代国家への道を歩む

左翼系の歴史学者には明治天皇による御誓文を茶番だとか、単なるスローガンだとバカにする人たちがいます。しかし、それがいかに愚かしい批判か。読者のみなさんはもうすでにご理解いただけるかと思います。保守思想の観点からすれば、日本の歴史、伝統を重視し、その形式に従って明治天皇がこのような布告を出すことは極めて重要なことです。**近代国家への道を歩むということは日本にとって未曾有の大改革であり、天皇自らその先頭に立って努力すると宣言されたわけです。それも天地神明に誓って。**

その目指すものの第一に掲げられたのが「廣ク會議ヲ興シ萬機公論ニ決スヘシ（広く人材を集めて会議を開き議論を行い、大切なことはすべて公正な意見によって決めましょう）」という項目です。いわゆる保守思想と自由主義の融合、保守自由主義は明治維新から始まったのです。

繰り返しになりますが、明治天皇が自ら先頭に立ってこういう社会改革を行う必要があったのは、日本をいち早く欧米並みに近代化し日本を守るためです。欧米諸国は「自由で開かれた社会」であると同時に、同じ基準を持たない国々を文明国とは認めていませんでした。「自由で開かれた社会」と言っても、あくまで当時の基準。前章で見てきた通り、フランスもついこの間まで身分制度があったような国だったわけです。それが無くなって自由になった。でも、文明国と認めない国は「教化」の対象であり、侵略して植民地にしてもいいという倫理観がまかり通っていたわけです。

分かりやすく言えばこれは「令和の世から昭和のテレビドラマを振り返って、その酷さに絶句する」みたいなものです。当時のドラマではセクハラも暴力の描写も今では絶対に考えられないぐらいえげつないものでした。でも、当時はそれでよかったのです。今から見れば、欧米諸国のダブルスタンダードにしか見えないこの行動も、当時としては当たり前。だからこそ、左翼の人たちはこの時代を帝国主義の時代とネガティブなイメージで呼ぶわけです。

五箇条の御誓文は保守思想的なアプローチ

欧米列強によるアジアの植民地化から日本を守るためには、江戸時代の古い仕組みでは対抗できない。だからこそ、維新の志士たちは日本を近代化させ、近代国家として生まれ変わった日本を欧米列強に認めさせようと立ち上がりました。外的環境の変化に適応しつつ、日本の社会を守るためには、歴史的な連続性に配慮しつつも大胆な改革が必要でした。伝統を守り、しかし、改革もする。どう考えても完全に矛盾しているこの難ミッションを課せられたのが明治新政府であり、それをクリアしたのも明治新政府でした。

例えば、五箇条の御誓文第一条にある「広く会議を興し」という部分は、封建制的な専制支配を否定し、議論を通じた開かれた政治を目指す意思を示していますし、第四条の「天地の公道」に基づく行動とは、西洋的な普遍的価値観を取り入れる意思を表しています。ポイントはそれらが、明治天皇による宣言だったという点です。五箇条の御誓文は、明治天皇が自ら発し、歴代天皇および天地神明に誓うという形式が取られました。**これは、天皇という伝統的権威を基盤に新しい体制を構築しようとする保守思想的なアプローチと言えるでしょう。フランスのようにパリで市街戦を何度も戦うことなく、最初からこのような設定をした点に私たち日本人の先人たちの智慧《ちえ》を感じませんか?**

明治維新の成功は、伝統と改革のバランスを取ったことにあります。天皇と五箇条の御誓文は、伝統的な価値観、特に万世一系や日本の文化的アイデンティティを基盤にしながら、必要な改革を進めるということを明確にした宣言でした。これは保守思想において重要な社会秩序の維持のためには、天皇の存在が不可欠であったことを意味します。

公儀《こうぎ》（幕府のこと）は天皇から征夷大将軍に任命されることで日本を統治する権限を与えられている。だから、公儀といえどもそれは「幕府」に過ぎない。この理論は徳川光圀が明治維新の200年前に主張したものです。明治新政府の歴史解釈は少なからず徳川光圀に始まる水戸学の影響を受けています。この天皇を中心に据えた歴史観が、激動の時代における混乱を最小限に抑える役割を果たしました。

ただ1つだけ余計な話をさせてください。水戸学は時代が下るにつれてあまりにも過激化しすぎて一部はトンデモ論、陰謀論に走るヤバい学派になってしまいました。そのため、明治新政府も水戸学のすべての理論を採用したわけではなく取捨選択が行われています。また、旧水戸藩の人材は過激な人が多すぎたので明治新政府からは排除されました（「水戸学がトンデモなので明治新政府もトンデモ」という左派の批判は的外れです）。

「伝統の継承」と「現実に即した改革」の調和を象徴

このように明治天皇と五箇条の御誓文は、明治維新において保守思想の「伝統の継承」

と「現実に即した改革」の調和を象徴するものでした。これらは、日本固有の文化や歴史的な正統性を保持しながら、近代化という大きな変化を受け入れるための重要な基盤を提供しました。

ちなみに、五箇条の御誓文の作成においては、元熊本藩士の井上毅《いのうえこわし》が果たした役割が大きいとされています。井上は、後の明治憲法制定にも深く関与する法制官僚として、当時から政治思想や文章力に優れた人物でした。

五箇条の御誓文の文言を作成する過程で、井上は福岡孝弟《ふくおかたかちか》や由利公正《ゆりきみまさ》らと協力して文案の具体化を行いました。初期の草案は由利が作成したものですが、その内容は条文形式ではなく、より抽象的かつ理念的な表現でした。この草案を基に、井上は条文形式への整備や文言の洗練に関与しました。

特に、五箇条の御誓文第一条の「広く会議を興し万機公論に決すべし」という表現には、井上の影響が大きかったと見られています。**この文言は、天皇を中心としつつも国民の意見を反映させる「公議政治」の精神を象徴しており、井上が当初から立憲君主制を目指していたことが分かります。**

御誓文の最終形において、井上は、文言を簡潔かつ明確にするための調整を行いました。

特に、曖昧な表現を避けつつも、幅広い解釈が可能な形式に仕上げることで、様々な立場や時代の変化に対応できる内容に仕上げました。

五箇条の御誓文が１８６８年（明治元年）３月14日に公布された後も、井上はその精神に基づく政治制度の整備に深く関わりました。特に「公議世論」の実現に向けた地方行政や法制度の近代化に尽力しました。井上の寄与は、御誓文を単なる理念的な宣言にとどめず、近代国家としての方向性を具体化したことです。

保守思想の源流は明治維新と五箇条の御誓文にあり

このように日本の近代における保守思想の源流は明治維新と五箇条の御誓文にあると言っても過言ではありません。そのメッセージは極めてシンプルです。**科学技術は進歩し、しかし、外的な環境は変化を続けます。日本社会はそれらに適応して生き残らねばならない。しかし、その際に伝統と歴史に配慮して急激な改革による社会混乱は避けよう。**それだけの話です。

とはいえ、急激な改革でないにしても改革は改革。人々の受け止め方によっては「そんなこと急に言われても」と戸惑い、混乱するかもしれません。そこで登場したのが福沢諭吉《ふくざわゆきち》です。福沢は日本が近代国家として生まれ変わるに当たり、『学問のすすめ』（1872年初版）という啓蒙書を書いて、国民としてどのような意識改革が必要かを説きました。**「天は人の上に人を造らず、人の下に人を造らず」という有名な言葉は、江戸時代の身分制度や特権階級の否定です。**今ではごく当たり前な「人間は生まれながらに平等である」という考え方は日本には馴染みのない話だったわけですから。

学問は個人の成長のためだけでなく、国家の繁栄の基盤となるものであり、学問を通じて知識を得ることで、貧困や無知から解放され、自由で自立した生活を送ることができると福沢は説きました。そのため、学問はただ教養を深めるだけでなく、実生活に役立つ「実学」でなければならないと述べ、徳川時代の教育との違いを明確にしました。

福沢諭吉が重視した「独立心」とは？

福沢が何よりも重視したのは「独立心」です。個人が独立しなければ、国家としての独立も保てない、他人に依存せず、自らの力で生きていくことが、日本が近代国家として発展するための鍵であるというのが福沢の主張です。「**一身独立して一国独立す**」とはそれを端的に表した言葉です。

貧富・強弱の有様は天然の約束にあらず、人の勉と不勉とによりて移り変わるべきものにて、今日の愚人も明日は智者となるべく、昔年の富強も今世の貧弱となるべし。古今その例少なからず。わが日本国人も今より学問に志し気力を慥《たし》かにして、まず一身の独立を謀り、したがって一国の富強を致すことあらば、なんぞ西洋人の力を恐るるに足らん。道理あるものはこれに交わり、道理なきものはこれを打ち払わんのみ。一身独立して一国独立するとはこのことなり。（『学問のすすめ』より）

筆者による現代語訳

貧富や強弱の状況は自然に決まるものではなく、人々の努力や怠慢によって移り変わるものです。今日の愚かな者も、明日には賢者となるかもしれず、かつての富強な国も、現代では弱体化していることがあります。こうした例は、古今東西に少なくありません。私たち日本人も、今から学問に励み、気力を確かなものにし、まずは個々人が自立を目指し、それに続いて国全体の富や強さを実現することができれば、どうして西洋諸国の力を恐れる必要があるでしょうか。道理に従う者とは協力し、道理に反する者は排除するだけです。「個人が独立してこそ、国も独立する」とは、まさにこのことを指しているのです。

この言葉は福沢の残した言葉の中で私が最も好きな言葉です。なぜなら、**個人の精神および経済の自立が、国家の独立や繁栄に直結するという思想を表現しているからです。**例えば、江戸時代の身分制度（士農工商）は、個人が特定の身分や特権に依存する社会構造であり、それ自体が精神的依存、経済的依存を象徴する制度でした。明治維新によって、個人が身分に縛られず、自由に学び、働くことができるようになったのに、いまだにその枠に閉じこもっていたら何の意味もありません。個人が知識や技能を高め、経済的に自立することで、国全体の経済力や文化水準を向上させなければ、押し寄せる欧米列強に飲み込まれてしまいます。福沢は、国家が真に独立するためには、国民一人ひとりが自立しなければならないと見抜いていたのです。

日本独自の文化と西洋の利点を融合

さらに、福沢は、西洋の科学技術や経済の知識を重視し、「実学」（実用的な学問）を推奨しました。個人が実学を学ぶことで、現実社会での自立が可能になり、それが近代化への近道になるからです。これこそが近代国家における国民意識そのものではないでしょうか？　有り体に言えば、個々の国民が自立し、近代的な市民としての自覚を持つことで、日本は初めて「近代国家」として成立するわけです。

逆に福沢は武士の特権や身分制度など、封建時代の価値観を徹底的に批判しました。封建制度の弊害とは、まさに出身門地による差別、個人の能力を発揮する機会を奪うことだったわけです。

しかし、だからと言って福沢が単なる「西洋かぶれ」だったかというとそうではありません。先ほど引用した「学問のすすめ」の前段には次のような記述があります。

一般にヨーロッパ・アメリカの諸国は富んで強く、アジヤ・アフリカの諸国は貧にして弱し。されどもこの貧富・強弱は国の有様なれば、もとより同じかるべからず。しかるにいま、自国の富強なる勢いをもって貧弱なる国へ無理を加えんとするは、いわゆる力士が腕の力をもって病人の腕を握り折るに異ならず、国の権義において許すべからざることなり。

近くはわが日本国にても、今日の有様にては西洋諸国の富強に及ばざるところあれども、一国の権義においては厘毛《りんもう》の軽重あることなし。道理に戻りて曲を蒙《こうむ》るの日に至りては、世界中を敵にするも恐るるに足らず。初編第六葉にも言えるごとく、「日本国中の人民一人も残らず命を棄てて国の威光を落とさず」とはこの場合なり。（『学問のすすめ』より）

筆者による現代語訳

一般に、ヨーロッパやアメリカの国々は豊かで強く、アジアやアフリカの国々は貧しく弱いとされています。しかしながら、この貧富や強弱はそれぞれの国の状況であり、本来それが同じであるはずもありません。それにもかかわらず、自国の豊かさや強さに乗じて、貧しく弱い国に無理を押し付ける行為は、たとえるなら、力士がその腕力をもって病人の腕を握り折るようなものであり、国際的な権利や義務の観点から決して許されるべきではありません。

例えば、私たち日本においても、現在の状況では西洋諸国の富や強さには及ばない点があります。しかし、一国の権利や義務においては、わずかな差もないと考えます。もし道理に反して不当な扱いを受ける日がきたとしても、たとえ世界中を敵に回すことになったとしても恐れる必要はありません。第一編の第六節にも記されているように、「日本の国民は一人残らず命を投げ出してでも国の威信を守る」という覚悟こそが、まさにそのような場合を指しているのです。

これはつまりどういうことでしょう？　**要するに日本は西洋の先進国を手本としながら、国際社会で対等に渡り合える文明国家を目指すべきだと主張しているのです。明治維新に伴う社会の変化（文明開化）は、単なる西洋化ではありません。日本独自の文化と西洋の利点を融合させることが重要だと説いたのが福沢だったのです。**

福沢諭吉が「西洋かぶれ」でない理由

福沢が単なる「西洋かぶれ」でなかったもう1つの理由に、「脱亜論」があります。巻では「脱亜入欧」と言われますが、福沢自身が書いた脱亜論には「脱亜」という言葉はあっても、「入欧」という言葉はありませんでした。福沢を「西洋かぶれ」と誹謗したい人が後に「入欧」を追加したのではないでしょうか？

「脱亜論」は1885年（明治18年）3月16日、新聞『時事新報』に掲載されました。この論文は、日本が古い因習にとらわれた国（中国や朝鮮）から距離を置き、近代化を進めるべきだと主張する内容です。


西洋近時の文明が我日本に入りたるは嘉永の開國を發端《ほったん》として、國民漸《ようや》く其採る可《べ》きを知り、漸次に活發の氣風を催ふしたれども、進歩の道に横はるに古風老大の政府なるものありて、之を如何ともす可らず。政府を保存せん歟《や》、文明は決して入る可らず。如何となれば近時《きんじ》の文明は日本の舊套《きゅうとう》と兩立《りょうりつ》す可らずして、舊套を脱すれば同時に政府も亦廢滅《またはいめつ》す可ければなり。

　然ば則ち文明を防て其侵入を止めん歟、日本國は獨立す可らず。如何となれば世界文明の喧嘩繁劇は東洋孤島の獨睡《どくすい》を許さゞればなり。是に於てか我日本の士人は國を重しとし政府を輕《かる》しとするの大義に基き、又幸に帝室の神聖尊嚴《しんせいそんげん》に依頼して、斷《だん》じて舊政府《きゅうせいふ》を倒して新政府を立て、國中朝野の別なく一切萬事西洋近時の文明を採り、獨《ひと》り日本の舊套を脱したるのみならず、亞細亞全洲の中に在て新に一機軸を出し、主義とする所は唯脱亞の二字にあるのみなり。

我日本の國土は亞細亞の東邊《とうへん》に在りと雖《いえ》ども、其國民の精神は既に亞細亞の固陋《ころう》を脱して西洋の文明に移りたり。然るに爰《ここ》に不幸なるは近隣に國あり、一を支那と云い、一を朝鮮と云ふ。此二國の人民も古來亞細亞流の政教風俗に養はるゝこと、我日本國に異ならずと雖ども、其人種の由來《ゆらい》を殊にするか、但しは同様の政教風俗中に居ながらも遺傳教育《いでんきょういく》の旨に同じからざる所のものある歟、日支韓三國相對《あいたい》し、支と韓と相似るの状は支韓の日に於けるよりも近くして、此二國の者共は一身に就き又一國に關《かん》してして改進の道を知らず（参考：『時事新報』1885年（明治18年）3月16日）。

筆者による現代語訳

西洋の近代文明が日本に入り込んだのは、嘉永の開国がきっかけでした。その後、国民は次第にそれを取り入れるべきと理解し、活発な気風が徐々に生まれました。しかし、進歩の道を阻んでいたのは古風で老朽化した政府（徳川幕府……筆者注）であり、その存在をどうすることもできませんでした。政府を維持しようとすれば、文明の進入は決して許されません。なぜなら、近代文明は日本の古い体制と共存することができず、古い体制を捨てると同時に政府も消滅せざるを得ないからです。

もし文明の侵入を防ぎ、その進入を止めることを選ぶならば、日本の独立は成り立ちません。なぜなら、世界文明の広がりが東洋の孤島での孤立を許さないからです。このような状況の下で、日本の志ある人々は国家を重んじ、政府を軽視するという大義に基づき、さらには帝室の尊厳を頼りに、果断に古い政府を倒して新政府を立ち上げました。そして、国全体で西洋の近代文明を採用し、日本の古い体制を脱却しただけでなく、アジア全体においても新たなモデルを示しました。この主義の核心は「脱亜」という2文字にあります。

日本の国土はアジアの東端にありますが、国民の精神はすでにアジアの遅れた習慣を脱し、西洋文明へと移行しました。しかし、不幸なことに、近隣には支那（中国）と朝鮮という国があります。この二国の人民も古来アジア的な政治や文化に育まれてきましたが、その習慣や考え方は日本とは異なります。このため、支那や朝鮮の人々は進歩の道を知らず、交通の便がよい現代においても文明の成果を目にしながら、それを受け入れる心が動かされることはありません。彼らの古い習慣や考え方は、何百年も変わることがなく、そのため文明に対応できないのです。

「脱亜論」は、福沢諭吉が麻疹《はしか》のように伝播する文明を拒否する古い因習にとらわれた清朝、李氏朝鮮を批判したものです。現代の浅薄な知識でこれを「ヘイト」などと決め付けてはいけません。**日本は近代化を最優先とし、伝統を活かしつつも大改革を行いましたが、清朝や李氏朝鮮がそれを行えないでいる。そういう国とは、今後欧米列強が接するように接するより他にない。**残念ながらそれが厳しい現実だということです。

日本と欧米の保守思想の決定的な違いとは？

さて、ここでもうみなさんは日本の保守思想と欧米的な保守思想の違いについてある程度ご理解いただけたのではないでしょうか？　**その違いとは、端的に言えば天皇を奉る日本とそれを持たない欧米との違いです。日本ではイギリスやフランスのように、民主化の過程で王朝を交代させるようなことはありませんでした。万世一系とそれ以外。まさにこれこそが最大にして最も重要な違いです。**

前述の通り、日本の近代化は、西洋列強に対抗するために行われました。明治時代に急速に進む近代化の中で、伝統的な日本文化や社会秩序を守ろうとするのはかなり苦しい試みです。ところが、幸運なことに日本には万世一系の天皇がおられました。大政奉還から明治新政府への権力移譲の流れは、まるで鎌倉幕府から室町幕府への権力移譲のような当たり前さで解釈が可能でした。そして、明治天皇自らが改革の先頭に立ちこの改革を成し遂げると五箇条の御誓文を発表されたわけです。

これに対して、欧米の保守思想は基本的にフランス革命とそれに伴うジャコバン派の恐怖政治への反省から生まれています。エドマンド・バークもバンジャマン・コンスタンもフランス革命批判から急進的な改革による社会混乱のリスクを問題視するという点は共通しています。とはいえ、彼らは基本的に万世一系の天皇を持ちません。その理論の根底には自由市場や個人の自由を重視する傾向があります。バークもフランス革命は批判しつつも、その前に行われたアメリカ独立戦争では植民地側の民衆を支持しているわけです。

これに対して、日本の保守思想はスタート時点から違います。万世一系の天皇とその天皇を敬う国民の関係を重視し、形を変えてもそれを守り続けることで伝統を維持しようと図りました。これを日本の保守思想の特殊性、特異性だと批判する人もいますが、私からすれば西洋かぶれにも程があると思います。前章で何度か問題にした「バークを知らずして保守思想を語るな」という上から目線も、このような日本特殊論がその思想的背景と言えるでしょう。むしろ、この特殊論は左翼系の人たちが日本の保守思想を批判する際の常套句です。何も知らずにそういう言説に乗って、保守系の論者がバークでマウントを取るのは本当に情けない話です。

さて、明治の先人たちがあれだけ苦労して成し遂げた明治維新。この成果をしっかり継承して日本は発展していくはずでした。ところが、好事魔多し。一体何が起こったのか？

次章で詳しく説明していきます。

第4章

日本における保守思想の敗北と復活

日露戦争に勝利し欧米列強の仲間入り

さて、本章では大変残念なお話をしなければなりません。日本は大東亜戦争に敗北し、外国からの占領を受けて存亡の危機に瀕してしまったからです。この話は、現代の保守思想を理解する上で避けて通れません。

ザックリとした流れを確認しましょう。1941年12月、真珠湾攻撃によって対米開戦に踏み切った日本は、ほぼ全世界を敵に回して戦争をする状況に追い込まれました。そして、時が経つにつれて戦いは消耗戦の様相を呈し、日本は追い詰められていきます。最後はポツダム宣言を受諾してこの戦いを終わらせました。

大変残念ですが、この対米開戦からポツダム宣言受諾に至る流れは日本の敗北であると同時に、保守思想の敗北だと私は考えています。もっと正確に言うなら、対米開戦を多くの国民が支持し、その声に背中を押される形で当時の日本政府がそれを決断した瞬間、保守思想はその時点で敗北していました。

では保守思想の敗北をもたらした対米開戦を日本人が決断した理由は何だったのでしょうか？　少し時計の針を巻き戻して、日露戦争の勝利から対米開戦に至る経緯について掘

り下げていきましょう。

明治維新に際して、天皇は自ら天地神明に誓い、人々の先頭に立って改革を進めることを宣言する御誓文を発布されました。そして、私たちの先祖は非常に短期間で社会構造を改革し、欧米列強に追い付くことができました。この努力は、やがて日露戦争での勝利という形で実を結びます。この時、日本は名実ともに列強の一員として認められ、植民地化の危険は消え去ったのでした。

客観的な証拠を示しましょう。いくら明治維新で文明開化が進んだからといって、日露戦争前の日本国債は新興国が発行するいわゆる「ジャンクボンド」でした。債務不履行の（デフォルト）の危険性が高いので、それを織り込んで、引き受け手も高い金利を要求したのです。例えば、１８７３年に発行されたポンド建ての日本国債の金利はロシア国債よりも２・７ポイント高く、ロシアに比べて明らかに格下扱いされていました。

１８７０年（明治３年）に日本国債はロンドン市場において９・２％もの高金利を要求されていました。これは同時期のエジプトの８・９％よりも高く、トルコの９・９％よりも低い水準です。つまり、国際的な市場において日本はエジプトやトルコのような近代化に失敗した国と同程度の評価だったということです。ところが、国民一丸となって明治維新を推進した結果、ついに日本は日露戦争においてロシアを打ち破りました。それによって、状況が一変します。世界中の投資家が日本に対する見方を変えました。国債金利の推移がそれを如実に物語っています。次の図5でご確認ください。

図5 ロンドンでの日本国債の発行条件推移

年月	金利(%)	発行価格	発行額(100万ポンド)	満期(年)	発行金利(%)	イギリスコンソル金利(%)
1870.4	9.0	98.0	1.0	13	9.2	3.20
1873.1	7.0	92.5	2.4	25	7.6	3.26
1897.6	5.0	101.5	4.4	53	4.9	2.44
1899.6	4.0	90.0	10.0	55	4.4	2.54
1902.10	5.0	100.0	5.1	55	5.0	2.96
1904.5	6.0	93.5	5(10)	7	6.4	2.78
1904.11	6.0	90.5	6(12)	7	6.6	2.84
1905.3	4.5	90.0	15(30)	25	5.0	2.74
1905.7	4.5	90.0	10(30)	25	5.0	2.77
1905.11	4.0	90.0	6.5(25)	25	4.4	2.82
1907.3	5.0	99.5	11.5(23)	40	5.0	2.92

※発行額の(　)の数はロンドン市場を含むニューヨーク、ドイツ、パリ市場での同時起債額の合計
出典：『国債の歴史―金利に凝縮された過去と未来』富田俊基　東洋経済新報社

日露戦争終結後の1907年、日本国債の発行金利は37年前の9・2%から5・0%へと、ほぼ半減しています。また1回の調達額も見てください。初めての海外資金調達の時に比べて、その額はなんと20倍以上。**まさに世界は日本の実力を認め、信用力が桁違いに上がりました。明治維新の目標である日本植民地化の危機は去り、欧米列強にも仲間入り。**後は、五箇条の御誓文の精神に従い、国を発展させていけばよかったはずでした……ところが！

大国ロシアを打ち破った日米英三国準同盟

欧米列強の仲間入りを果たした日本に、新たな危機が迫りました。それは、いわゆる「バランシング効果」。自国が軍備を増強すれば周辺諸国も軍備を増強し、最強の軍隊を持っていても周辺国が同盟して包囲すれば勝つことができないという地政学の常識でした。

当初、日本はこのバランシング効果をうまく利用してロシアに勝ちました。南下してきたロシアに危機感を抱くイギリス、その実質的同盟国であるアメリカを自陣営に引き込む形で日本は防衛体制を整えます。イギリスとは同盟関係を結び、アメリカからは好意的な中立を得るとともに、戦費調達でも大きな協力を受けました。私はこの三国関係を拙書『経済で読み解く日本史　明治時代』（飛鳥新社）において「三国準同盟」と名付けました。

確かに、大和魂や日本民族の優秀性の要素はあったでしょう。それらがゼロだったとは言いません。しかし、一番大きかったのはこのロシア包囲網です。ロシアは単独で戦い、日本は同盟を組んで戦った。この大戦略の違いこそが日本を勝利へと導いたのです。

この点を、もう少し具体的に説明しましょう。日本とイギリスとの間には日英同盟がありました。そして、明確な同盟は組んでいなくとも、アメリカは当時の日本を戦費調達の面で全面支援していたことは事実です。高橋是清《たかはしこれきよ》がロンドンで戦費調達のビッグディールを次々にまとめた時、これに応じてくれたのがイギリスのカッセル卿とアメリカのジェイコブ・シフ（クーン・ローブ商会）の２人だったからです。この２人がいなければ日本軍の補給は数か月で尽きて、ロシアに無残な敗北を喫していたことでしょう。

繰り返しますが、ロシアは単独で戦い、日本は日英米の三国準同盟で戦った。同盟強し！日本は見事に大国ロシアを破り、アジア、アフリカで植民地支配を受ける人々に希望を与えたわけです。

対米開戦のきっかけはどこだったのか?

だからこそ、日露戦争の戦後処理も当然この三国準同盟の枠組みを大いに活用すべきでした。しかし、共通の敵であったロシアが満洲から撤退すると、この「三国準同盟」には微妙な温度差が生じました。特に問題だったのは、日本が英米に約束していた「支那大陸の権益に対する機会均等」という大義名分を曲げてしまったことです。アメリカの鉄道王ハリマンとは南満洲鉄道の共同管理を約束していましたが、日本側の都合で一方的に破棄してしまったのです。

その共同管理の約束は「桂《かつら》・ハリマン協定」と呼ばれる幻の協定です。この協定は日本の国債引き受けで大変お世話になったクーン・ローブ商会のシフ氏の事業パートナーである鉄道王ハリマン氏が、南満洲鉄道への共同出資、共同運営を持ち掛けてきたことに始まります。これは日本にとっても渡りに船でした。アメリカを満洲の権益に関与させることで、その後満洲の共同防衛という話に発展する可能性があったわけです。ハリマンは桂太《かつらた》郎《ろう》首相(当時)と会談し、この話をまとめ上げました。ところが、講和条約の交渉に当たっていた小村寿太郎《こむらじゅたろう》などが先頭に立って桂・ハリマン協定の破棄を声高に叫び、日比谷焼き討ち事件に代表されるような講和反対の世論が盛り上がります。圧倒的な国民の声に押され、なんと日本政府はこの協定を反故にしてしまったのです。まさにこれが最悪の決定でした。

それから約30年の間、ずっと日本はこの問題に足を引っ張られ続けます。英米と仲良くしようにも、この問題が邪魔をしてなかなかうまくいかない。バランシング効果は逆回転し、今度は日本が周りの欧米列強からじわじわと包囲され始めたのです。

そうしているうちに、軍の出先機関（関東軍）が暴走し、日露戦争の仕上げとして満洲事変（１９３１年9月）を起こしてしまいました。ところが、この出先機関の独断専行の暴挙に国民はもろ手を挙げて賛意を示し、全面応援します。もちろん、新聞もそれを煽りまくりました。さらにその6年後には盧《ろ》溝《こう》橋《きょう》事《じ》件《けん》に端を発する北支事変（１９３７年7月）が勃発。日本は泥沼の日中全面戦争へと引きずり込まれていきます。その先は……いわゆるＡＢＣＤ包囲網からの対米開戦です。

対米開戦へ至るレールの始発駅はどこですか？　**対米開戦の種はまさに日露戦争の戦後処理の失敗によって蒔かれたのです。**ロシアとの戦争に英米をあれだけ協力させておいて、戦争に勝ったら裏切る。まるでソ連や北朝鮮の所業ですよね？　五箇条の御誓文の精神は一体どこへいってしまったのか？　残念でなりません。

ハリマンは財界傍流だという嘘

当時の日本政府は国内世論がどうであろうが、英米との「機会均等」の約束を守っておくべきでした。愚かなことに、日本政府はその後、桂・ハリマン協定みたいな協定を締結しようと何度かアメリカにアプローチしています。そして、ことごとく失敗してしまいました。それほど最初の約束を破ったことによる失った信頼は大きかったということです。

ところが、一部の識者はこの問題を矮小化して対米開戦には何ら繋がらないと強弁しています。例えば、「ハリマンは当時米財界においては傍流だ」とか、「落ち目のクーン・ローブ商会よりもモルガングループが好条件で南満洲鉄道に出資する計画があり、日本政府はそちらに注力していた」とか。本当にそうでしょうか？　大変申し訳ありませんがこういった主張をされる方には、重大な事実誤認があります。保守思想というのは歴史や伝統との繋がりを重視する思想です。そういう意味で、歴史的事実とその解釈はとても重要なので、しっかりと反論しておきたいと思います。

まず、ハリマンは財界傍流だという主張について。**鉄道王ハリマンを金融面で支えていたユダヤ人の実業家ジェイコブ・シフ（クーン・ローブ商会＝後のリーマンブラザーズ証券）はアメリカ金融資本の2大巨頭の1つです。もう一方の巨頭はモルガングループです。覇を競う2大巨頭の方割れが傍流だということはあり得ません。**

また、1899年のNY株式市場の時価総額に占める鉄道株の割合は63％であり、鉄道業は今で言うところのIT産業のような巨大先端産業でした。当時、モルガングループの支配下にある鉄道会社の営業距離は5万8798マイル、クーン・ローブ商会は4万5157マイルで、この2大グループだけで全体の約半分を占めています。シフの支援を受けたハリマンは全米第2位の鉄道&汽船網の代表であり、経済界におけるスターでした。

ちなみに、2024年末時点での東証プライムの時価総額は959兆円。業種別に見ると、1位電気機器（152兆円）、2位情報通信（89兆円）、3位輸送用機器（88兆円）です。3位まで合計しても329兆円で東証プライム全体の34％程度です。当時のNY市場における鉄道株の存在感は異常とも言えるレベルだったことがお分かりいただけるでしょうか？　ハリマンという事業家の存在感がどれだけのモノであったかぜひ想像してください。東証プライムでたとえるなら、1位の電気機器業界を独占しているようなレベルのビジネスをやっているスゴい財界人だったということです。

桂・ハリマン協定に反対していた金子堅太郎《かねこけんたろう》とは？

次に、モルガングループがクーン・ローブ商会よりも好条件で南満洲鉄道に出資する計画があったという「噂」についてです。和平交渉の当事者だった小村寿太郎が桂・ハリマン協定の破棄を迫ったのは、もっといい条件でモルガンが出資する予定だったとする説がいまだにあるようです。実は、この話の元ネタは『後藤新平伝』『小村外交史』『近代日本外交史』とされていますが、実はこれら資料はある一人の人物の証言を証拠にこの説を語っています。その人物とは金子堅太郎《かねこけんたろう》。伊藤博文《いとうひろぶみ》内閣で司法大臣などを歴任した大物政治家であり、外交官でもありました。日露戦争における日本の立場を説明するために渡米した金子は、ハーバード大学留学時代の同級生であるセオドア・ルーズベルト大統領に何度も接触しました。さらに、全米各地で講演を行い、アメリカ世論に日本の立場を訴えたことでも有名です。日本海海戦を巡る演説はアメリカの新聞に大々的に掲載され、アメリカ人の日本に対する好感度を大いに上げたと言われています。

そんな対露戦勝の功労者である金子は桂・ハリマン協定を巡って推進派の高橋是清と対立していたのです。確かに、南満洲鉄道は、戦争で獲得した満洲における日本の権益を象徴するものでした。金子は、アメリカとの共同管理によって日本の主権が侵害される可能性を懸念しました。彼は、日本が経済的にも外交的にも列強として独立性を維持するためには、アメリカに過度に依存するべきではないと考えました。

また、軍部が金子を後押ししていました。なぜなら、南満洲鉄道は、単なる経済的利益だけでなく、戦略的な軍事拠点としての重要性もありました。軍部の中には、アメリカとの共同管理が軍事的な自由度を制約するのではないかという懸念が強かったからです。

さらにマズイことに当時の国民世論も金子推しでした。「日本は血を流したのに外国に利権を横取りされるのか！」といった国民の脊髄反射です。講和反対の世論が盛り上がった理由は、戦争中の増税、緊縮による経済的な困窮がありました。そして、新聞がそれを煽りまくったのです。

これに対して、高橋は経済的安定と国際協力を優先しました。日本の財政基盤の安定化と、アメリカとの友好関係強化を重視し、南満洲鉄道の共同管理が日米関係を強化する手段になると考えていたからです。

金子や軍部の反対、そして何よりも世論の大きな後押しによって、最終的に桂・ハリマン協定は破棄されました。この決定は、短期的には日本の主権を守るものと考えられましたが、長期的にはアメリカの対日感情を悪化させ、結果的に日米関係を損なう一因となりました。特に、ハリマンはその後もアメリカ財界で影響力を持ち続けたことから、この協定の破棄は日本の外交的失敗として後世に語られることになります。

つまり、金子の話だけを根拠としてモルガングループの出資話を事実と認定してしまうのは極めて危ないということです。金子は桂・ハリマン協定に反対するため、ありとあらゆる屁理屈を考えていたわけですから。さらに言うと、金子以外にこの出資話の信憑性をサポートする証拠は存在しません。ハッキリ言ってこの話は眉唾モノです。

さらに、視点を変えて、当時の金融界の常識で考えてみましょう。モルガンはポーツマス講和会議の後にロシア全権大使のウィッテをヨットに招待しております。モルガンはクーン・ローブ商会の逆張りでロシアへの投資を考えていました。この件でクーン・ローブ商会から案件を横取りするインセンティブは高くありません。実は、クーン・ローブ商会とモルガングループは鉄道株の買収で対立しましたが、お互いにメリット無しということでとっくに手打ちをしていました。

また、クーン・ローブ商会は日本、モルガングループはロシアへの投資を検討していましたが、そのスキームはいわゆるシンジケートローンです。そもそも、クーン・ローブ商会が日露戦争の際に日本の外債を引き受けてくれたのもイギリスのカッセル卿と組んだいわばシンジケートローンでしたから、当時からこのスキームは常識でした。今でもリスクの高いビッグプロジェクトにはよく使われる手法です。

つまり、モルガングループだけが日本に投資するなどということは当時の常識からもあり得ません。必ずシンジケートローンが組まれるか、組むための準備が行われていたはず。もちろん、アメリカ側にこういったローンが組まれる準備があったという証拠はありません。金子の主張は当時の金融界の常識からもかけ離れています。私は与太話と言っていい噂話だと思っています。

少なくとも、モルガン側の具体的な出資計画、コミットメントレターなどの一次史料が出ない限り、「モルガンの出資計画があった」と断定することはできません。逆にクーン・ローブ商会系鉄道会社の代表であるハリマン氏は、わざわざ来日して、協定書の原案まで作っています。確実に存在した計画がどちらかはもう説明する必要もないと思われます。

もし三国準同盟を維持、強化できていれば……

桂・ハリマン協定を破棄したことは、アメリカに対する悪いメッセージになったことは間違いありません。最悪なことに、日本はハリマンを締め出すために、なぜか外資全体をも締め出すような対中方針を発表してしまいました。そんなことをした後にモルガングループに相談に行っても、出資してもらうのは不可能です。機会均等の原則を完全に反故にしているわけですから。

私はこの協定が成立していたらその後の歴史が変わっていた可能性があることは否定できないと今でも思っています。もちろん、これだけが唯一の対米開戦の原因とは言いませんが、この決定によりアメリカは「三国準同盟」から脱落し、以降、対日圧力が強まったこともまた事実です。1923年に日英同盟が失効すると、三国準同盟の枠組みは完全に消失してしまいました。

もし三国準同盟を維持、強化できていれば、第二次世界大戦に英米側で参戦していた可能性もあります。それは第一次世界大戦の戦争特需の再来であり、1960年代を待たずして日本が高度経済成長を達成していた可能性すらありました。

繰り返しになりますが、すべてのボタンの掛け違いは日露戦争の講和反対運動から始まりました。ロシアに対する賠償金の放棄というのは明治天皇の御聖断であったにもかかわらず、当時の日本国民は「勝ったのに賠償金も取れないのか！」と激怒しました。戦時統制で経済的に困窮した人々に、明治天皇のお言葉は届かなかったのです。そして、普段は見向きもされない過激な思想が流行り病のように広がります。それを煽り、火に油を注いだのは新聞です。そうです。後に対米開戦を煽った新聞は、もうこの頃からポピュリズムと機会主義の塊になっていたのです。

日本の保守思想が敗北した瞬間

1905年9月5日、東京の日比谷公園でポーツマス条約に反対する大規模な民衆集会が開かれました。集会後、一部の参加者が暴徒化し、警察署、新聞社、政治家の私邸など約70か所の施設が焼き討ちされました。いわゆる「日比谷焼き討ち事件」です。この事件は、政府への不信感を象徴する出来事となり、国内の政治的緊張を高めたと言われています。

こうした社会的不満は無政府主義（アナキズム）や社会主義、共産主義などの過激思想が日本で広がるきっかけとなりました。特に大正デモクラシーの流れの中で、労働運動や学生運動が活発化し、急進的な思想が支持を集めました。その結果、民衆の間では、政府の権威が失墜し、弱い政府では自国民の利益を守れないという認識が広がりました。

この後、第一次世界大戦（１９１４～１９１９年）で景気は回復しますが、一時的に離脱した金本位制への復帰を巡り日本のみならず世界中の国が政策判断を間違えます。金本位制への復帰は、戦時中に拡大した通貨発行量を大幅に縮減することを必要とするため、全世界的なデフレが発生してしまったのです。なぜなら、金本位制という仕組みはその国の金の保有量を上限として通貨を発行できるという制度だったからです。戦時中は、金の保有量以上の通貨を発行して兵士の給料や武器弾薬の購入に充てていたのに、これをいきなり元に戻したら間違いなく経済的な大事故になります。

１９１９年の戦後不況、１９２３年の関東大震災、１９２７年の昭和金融恐慌、そして１９３０年の昭和恐慌と度重なるデフレ不況が日本を襲い、人々の不満は頂点に達しました。１９３１年12月に民政党の若槻《わかつき》禮次郎《れいじろう》内閣が倒れ、政友会の犬養《いぬかい》毅《つよし》内閣が成立すると、大蔵大臣の高橋是清はアベノミクスに近い政策を行い、１９３２年から１９３５年までは一時的に景気は持ち直しました。ところが、１９３６年２月の二・二六事件の際に、高橋是清は暗殺されてしまったのです。後任の馬場鍈一《ばばえいいち》は無能な大蔵大臣で適切な金融調節を怠り、逆に行き過ぎたインフレを招いて人々はますます生活に困窮し、混乱しました。そんな中、対中問題を巡って日本は経済制裁を受ける立場となったのです。

日本は満洲の権益を独占しようとし、蔣介石《しょうかいせき》の中華民国や大小様々な軍閥と小競合いを繰り広げていました。そして、１９３７年に起こった北支事変は第一次上海事変を経て、やがて支那事変へと拡大していきます。気が付けば日中全面戦争です。**アメリカは日本が世界征服の野望を企んでいると疑い、ソ連や中国の共産党もそれを煽るために「田中上奏文」という偽文書まで作ってプロパガンダする始末。**

もちろん、この間違いを挽回するチャンスは何度もありました。ところが、この後起こったことを極めて単純化すれば、そのチャンスはことごとく潰されました。そして、「世界中の国を敵に回して戦争する」という〝悪手〟を打つように、敷かれたレール上を走っていった。残念ながら日本の保守思想はここで敗北したのです。

日本の対米開戦を徹底的に煽ったのは誰か？

では、日本の対米開戦を徹底的に煽ったのは誰か？　それは共産主義者です。まさに保守思想の宿敵、設計主義の一形態である共産主義がこの謀略を仕掛けたことは間違いありません。ただし、陰謀論だと批判されないようにあえて付け加えますが、日本はソ連の命令で戦争をしたわけではありませんし、当時の国民の声に押された政府が主体的に対米開戦を決断したことは間違いありません。ただ、問題はそこではないのです。**共産主義者たちが経済的に困窮した国民をデマと陰謀論で煽り、対米開戦へと仕向ける努力をしていた。それが事実であるということです。**

ソ連および共産主義者たちは日本とアメリカ双方の政治・外交の中枢にスパイを送り込み、日米両国の対立を煽ることで、最終的に戦争を引き起こすよう仕向けました。その目的は、資本主義国家同士を戦わせることで双方を弱体化させ、共産主義革命の拡大を狙うことにありました。この主張の裏付けとして重要な証拠とされるのが、ヴェノナ文書や戦後の尋問記録であり、これらの記録によりソ連、共産主義インターナショナル（コミンテルンおよび後継組織のコミンフォルムも含む）のスパイ活動や情報操作の一端が明らかになっています。

例えば、「田中上奏文」という有名な偽書は、１９２７年に日本の首相田中義一《たなかぎいち》が昭和天皇に提出したとされる偽文書で、アジア侵略と世界征服を目指す日本の戦略を明らかにしたとされる内容になっています。その内容を要約すると、「日本はまず中国を征服し、アジアを制覇する。これを基盤として、世界征服を目指す」という荒唐無稽なものです。その段階は以下の通りです。

- **中国侵略：満洲・モンゴルを起点として中国を支配する。**
- **アジア支配：中国を足場に、東南アジアやインド、さらには西洋の植民地を制圧。**
- **最終的には西洋列強（アメリカやイギリスなど）との戦争を通じて世界を支配する。**

これらの日本の侵略行為は、自国の繁栄とアジア全体の解放のためであると主張し、文書のスタイルは、田中義一首相が昭和天皇に直接報告する形式で書かれています。もちろん、こんな上奏は行われていないし、この文書自体がでっち上げのデタラメです。しかし、このプロパガンダを真に受けさせるような悪手を日本は打ち続けてしまいました。それが諸外国の誤解を招きドツボにハマる。まさに国難でした。

経済的困窮で日本人は急激な変化を求めた

では問題の核心に迫りたいと思います。なぜ当時の日本国民は対米開戦の決断をしたのか？

もし、日本が1941年の対米開戦を3か月先送りしていたら、ドイツ軍の東部戦線における劣勢は明白になりドイツに味方して参戦することのデメリットは明らかになっていたことでしょう。例えば、ドイツに好意的な中立を保ちながら、だらだらとこの戦争をやり過ごせば、戦後始まる米ソ冷戦によってアメリカの対日姿勢は大きく変化していたのではないでしょうか？　実際にスペインという国はフランコ独裁政権が、戦時中はドイツに好意的な中立を保ちましたが戦後西側の一員にシレっと加わっています。日本もなぜここまで強《したた》かにできなかったのか？

一言で言うなら日本人はキレてしまった。支那事変の泥沼化、欧米から相次ぐ経済制裁は日本経済の長期低迷を招き人々は経済的に困窮していきました。この状況を根本的に変えたい。そのためには蔣介石を屈服させ支那事変を終わらせる必要がある。しかし、蔣介石は欧米による軍事援助が支えている。ならば！　ＡＢＣＤ包囲網を打破する根本的な解決策として、アメリカに宣戦布告せよ！

ザックリ言うとこんな感じです。**人々が急激な変化を求めた。その矛先が国内的な革命ではなく、対外的な戦争に向かった。これが対米開戦の根本原因です。**この点について、東洋経済新報社の石橋湛山《いしばしたんざん》（戦後の総理大臣）は次のように述べています。

日本人の一つの欠点は、余りに根本問題にのみ執着する癖だと思う。この根本病患者には二つの弊害が伴う。第一には根本を改革しない以上は、何をやっても駄目だと考え勝ちなことだ。目前になすべきことが山積して居るにかかわらず、その眼は常に一つの根本問題にのみ囚われる。第二には根本問題のみに重点を置くが故に、改革を考うる場合にはその機構の打倒乃至は変改のみに意を用うることになる。そこに危険があるのである（参考：昭和11年「改革いじりに空費する勿れ」石橋湛山全集10巻から）。

「プロスペクト理論」通り、罠に嵌《はま》った日本人

根本を直さないと何をやっても無駄だと考え、根本を治療するために急激な社会変革を容認する。これは保守思想とは相いれない態度ではないでしょうか？

当時はインターネットが存在せず、マスコミの一部を抑えるだけで偽情報を広めることが容易でした。元朝日新聞記者でソ連のスパイであったゾルゲの協力者である尾崎秀実《おざきほつみ》は、この状況を利用し、支那事変を徹底的に煽り、日本を泥沼の戦争に引き込んでいきました。

ヴェノナ文書によると、日米の政権中枢に潜り込んだソ連のスパイたちは互いに連携し、政策に影響を与えながら戦争を煽っていました。**共産主義者たちの最終的な狙いは、日本をアメリカと戦わせて弱体化させ、その後に日本国内で革命を成就させることでした。スターリンが提唱した「敗戦革命」に向けた準備が着々と進められていたのです。**その中でも特に決定的だったのが、1941年8月にアメリカが実施した対日石油禁輸措置です。

この点について、経済学者の牧野邦昭《まきのくにあき》氏は、行動経済学のプロスペクト理論を用いて説明しています。

例えば、以下のような2つのプランがあった時、多くの人はどちらを選択するでしょうか。

プランA：確実に3000円損する
プランB：8割の確率で4000円損するが、2割の確率で損失がゼロになる

プロスペクト理論によれば、「人間は損失を回避する際にリスクを恐れず、利益を得る際にはリスクを恐れる」とされています。プランBを選択した人は、この理論の予測通りの行動をしたことになります。

プランA：－3000円×100％＝－3000円
プランB：－4000円×80％＋0円×20％＝－3200円

期待損失で考えると、プランBはプランAよりも200円多く損する可能性が高いです。したがって、合理的に考えればプランAを選択すべきです。しかし、多くの人は確実に

3000円損することに感情的に堪えられず、プランBを選ぶのです。「それで失敗したら仕方ない」と腹をくくり、リスクに対する感覚が麻痺してしまうのです。

では、この理論を近衛文麿《このえふみまろ》内閣が瓦解し、東條英機《とうじょうひでき》内閣が誕生した時点に当てはめてみます。牧野氏は、当時の日本の選択肢は次の2つであったと述べています。

A：昭和16年8月以降、アメリカの資金凍結・石油禁輸措置により日本の国力は弱体化しており、開戦しない場合、2〜3年後には確実に「ジリ貧」になり、戦わずして屈服する。

B：国力の強大なアメリカを敵に回して戦うことは非常に高い確率で日本の致命的な敗北を招く（ドカ貧）。しかし、非常に低い確率で独ソ戦が短期間でドイツの勝利に終わり、東方の脅威から解放され、ソ連の資源と労働力を利用して経済力を強化したドイツが英米間の海上輸送を寸断するか、対英上陸作戦を実行する。また、日本が東南アジアを占領して資源を獲得し、イギリスが屈服するという条件が揃えば、アメリカの戦争準備が間に合わず交戦意欲を失って講和に応じるかもしれません。その場合、日本も消耗しますが、講和の結果、南方の資源を獲得することで少なくとも開戦前の国力は維持できる。

プランAを選択すれば、同じ敗北でも致命的でない敗北にとどまった可能性があります。少なくとも憲法が改編されたり、宮家が廃止されたり、WGIP（ウォー・ギルト・インフォメーション・プログラム）によって国民が洗脳されるような事態にはならなかったでしょう。武装解除していない日本軍を前に、そのような国家改造に近い社会実験を強要されることは防げたはずです。

しかし、当時の日本人はプランBを選択しました。この選択は、「高い確率で日本の致命的な敗北を招く」と分かっていたにもかかわらずです。しかも、プランBが成功するためには、以下の条件がすべて成立する必要がありました。

1. 独ソ戦におけるドイツの勝利
2. ドイツによる海上封鎖の成功
3. 日本による東南アジアの占領と資源獲得
4. イギリスの屈服

これらすべてが揃うというのは、現在の言葉で「スーパーハードモード」もしくは「無理ゲー」に近い状況だったと言えます。それにもかかわらず、「人は損失回避のためにリスクを恐れない」というプロスペクト理論の通りに、当時の日本人はこの罠に嵌《はま》ってしまったのです。

「集団極化」と「リスキーシフト」で一気に対米開戦へ

牧野氏は、これに加えてもう1つの要因を指摘しています。それは社会心理学における「集団極化」や「リスキーシフト」という概念です。

「集団意思決定」の状態では、個人が意思決定を行うよりも結論が極端になることが知られています。慎重な人たちが集団で決定するとより慎重な選択が行われ、逆にリスクを恐れない人たちが集団で決定するとますますリスクを冒す方向に偏る傾向があります。このように、集団の平均意見より極端な方向に意見が偏る現象を「集団極化」と呼び、特にリスクを冒す方向に意見が偏る現象を「リスキーシフト」と呼びます。

集団極化が起きる原因としては、他者と比較して極端な立場を表明することが他のメンバーに好印象を与え、注意を引き、集団の中で存在感を高めること、また集団規範や価値に合致する議論が自然と多くなり、説得力を持つようになることが挙げられます。

戦前の日本は大日本帝国憲法があり、普通選挙によって衆議院議員が選ばれ、予算の先議権が認められていました。そのため、戦前の政治体制は決して独裁ではなく、政策決定は集団による意見集約（選挙）を経て行われていました。つまり、日本は民主主義の国であったからこそ、構成員が「リスキーシフト」を始めるとそれが一気に伝播し、全員が極端な立場を取るようになってしまったのです。

この構成員とは日本国民であり、「対米開戦やむなし！」と煽ることが、「他者と比較して極端な立場を表明することが魅力的に見える」という心理を引き起こしました。その旗振り役を果たしたのが当時のマスコミでした。より正確に言えば、マスコミに寄稿していた識者たちであり、前出の尾崎秀美のようなソ連の手先もその一人でした。

このように、国民世論がリスキーシフトしてしまえば、官僚も政治家も閣僚もそれに逆らうことはできませんでした。天皇でさえも逆らうことができなかったのです。

五箇条の御誓文と同じ精神を持って存在した正論とは？

では、対米開戦の決断に至る過程は避けることができなかったのでしょうか？　私はそうは思いません。1921年の段階ですでに以下のような正論が存在していたのですから。

今わが国民は一つの謬想《びゅうそう》に陥れり。人口過剰といの憂いということこれなり。政治家、評論家はこれによってすなわちあるいは大陸発展を唱え、あるいは北守南進を主張す……カリフォルニア州の土地所有禁止案が異常の熱を我が国民に起こせるまたこの理由に外ならず……交通機関の未だ備わらざる時代は、もし内地の食料不足せば是非ともその過剰の人口はこれを外に出すか、もしくは生産を防止するかより外に、始末の途なかりしならんも、今日は全くこれと異なれり。工業盛んに起こり、貨物の外国に出すこと多きを得ば……食料はこれをアメリカ大陸に求むるも、インドに求むるも、支那に求むるも自由自在なる我が邦《くに》がむしろ豈《あに》6千万、7千万の人口に過剰に苦しまん。吾輩は我が国民がかくの如き根拠なき謬想に駆られて、いたずらに帝国主義を奉行し、白人の偏見に油を灌《そそ》ぎ……無益の葛藤に気を疲らすの、詢に愚なるを思わずんばあらざるなり。

この三地（朝鮮・台湾・関東州 23）を合せて、昨年、我が国はわずかに九億円余の商売をしたに過ぎない。同年、米国に対しては輸出入合計十四億三千八百万円、インドに対しては五億八千七百万円、また英国に対してさえ、三億三千万円の商売をした。朝鮮・台湾・関東州のいずれの一地をとって見ても、我がこれに対する商売は英国に対する商売にさえ及ばぬのである。米国に対する商売に至っては、朝鮮・台湾・関東州の三地に対する商売を合せたよりもなお五億二千余万円多いのである。即ち貿易上の数字で見る限り、米国は、朝鮮・台湾・関東州を合せたよりも、我に対して、一層大なる経済的利益関係を有し、インド、英国は、それぞれ、朝鮮・台湾・関東州の一地ないし二地に匹敵しもしくはそれに勝る経済的利益関係を、我と結んでおるのである。もし経済的自立ということをいうならば、米国こそ、インドこそ、英国こそ、我が経済的自立に欠くべからざる国といわねばならない。

筆者による現代語訳

現在、私たちの国民は1つの誤った考えに囚われています。それは「人口過剰」という懸念です。政治家や評論家の中には、この考えを根拠に、大陸への進出を提唱する人もいれば、北を守り南に進むべきだと主張する人もいます。例えば、カリフォルニア州での土地所有禁止案が私たち国民に大きな反発を引き起こしたのも、この「人口過剰」という懸念が背景にあるのです。

交通機関がまだ整備されていない時代には、もし国内で食糧が不足した場合、人口過剰分を海外に移すか、あるいは出生を抑制する以外に解決策はありませんでした。しかし、今日では事情がまったく異なります。工業が盛んに発展し、貨物を外国に輸出することが可能になった今では、私たちの国はアメリカ大陸やインド、中国から自由に食糧を輸入することができます。このような状況で、果たして6000万人や7000万人の人口が過剰であると苦しむ必要があるでしょうか。

私は、私たち国民がこのような根拠のない誤解にとらわれ、無意味に帝国主義を推し進め、白人たちの偏見を煽りたて、無益な争いにエネルギーを費やしているのは、非常に愚かなことだと思わざるを得ません。

また、朝鮮・台湾・関東州を合わせても、昨年、私たちの国がこれらの地域で行った貿易額はわずか9億円余りに過ぎませんでした。同じ年、アメリカに対する輸出入合計は14億3800万円、インドに対しては5億8700万円、さらにイギリスに対しても

3億3000万円の貿易が行われました。朝鮮・台湾・関東州のいずれの一地域をとってみても、それぞれの貿易額はイギリスに対する貿易額にすら及ばないのです。さらに、アメリカとの貿易額は、朝鮮・台湾・関東州の3地域を合わせた額よりも5億2000万円以上も多いのです。

つまり、貿易の数字を見る限り、アメリカは朝鮮・台湾・関東州を合わせた以上に、私たちにとって大きな経済的利益をもたらしています。インドやイギリスもそれぞれ、朝鮮・台湾・関東州の1地域または2地域に匹敵する、あるいはそれを上回る経済的利益を私たちの国にもたらしています。もし「経済的自立」ということを言うならば、アメリカ、インド、イギリスこそ、私たちの経済的自立に欠かせない国であると言わざるを得ません。

この文章は石橋湛山が書いた「大日本主義の幻想」（『東洋経済新報』1921年）という論説の一部を私が現代語訳したものです。原文も転載しておきましたので、ぜひ原文でも読んでみてください。書いてある中身はまさに正論。極めて説得力のある主張です。

勘のいい読者の方ならもうお気付きではないかと思います。石橋のこの論説はまさに五箇条の御誓文の精神そのものであると！　「智識ヲ世界ニ求メ大ニ皇基ヲ振起スヘシ」と

いう部分は、具体的に言えばまさにこの石橋の主張通りなのです。

英米との対立を話し合いで解決できた可能性

そして、石橋は同年『一切を棄つるの覚悟』という別の論説で、もし政府と国民がすべてを犠牲にする覚悟を持つならば、現在の国際情勢を必ず我が国に有利に導けるはずだと主張します。その中で石橋は、満洲を放棄し、朝鮮や台湾に自由を与えたらむしろイギリスやアメリカは非常に困難な状況に追い込まれるだろうと述べています。なぜなら、日本がこのような自由主義を実行することで、彼らは世界における道徳的な立場を維持できなくなるからです。

インド、エジプト、ペルシャ、ハイチ、その他の列強属領地は、一斉に日本の台湾・朝鮮に自由を許した如く、我にもまた自由を許せと騒ぎ立つだろう。これ実に我が国の位地を九地の底より九天の上に昇せ、英米その他をこの反対の位地に置くものではないか。我が国にして、一たびこの覚悟を以て会議に臨まば、思うに英米は、まあ少し待ってくれと我が国に懇願するであろう。ここに即ち「身を棄ててこそ」の面白味がある。遅しといえども今にしてこの覚悟をすれば、我が国は救われる（参考：「一切を棄つるの覚悟」（『東洋経済新報』1921年）。

会議とはワシントン軍縮会議のことです。植民地解放と言うなら、これぐらいの覚悟を持ってワシントン軍縮会議に臨めばよかった。イギリスやアメリカはきっと「少し待ってほしい」と日本に懇願したことでしょう。**まさに、「身を捨ててこそ得られるもの」だった可能性は高かった。石橋の指摘した通り、本当にこの覚悟を決めていれば、日本は対米開戦には向かわず、英米と話し合いによって対立が解消されていた可能性が高い。**

大東亜戦争に対する昭和天皇自らの答え合わせ

ところが、こんな当たり前すぎる正論が通らなかった。どうして当時の新聞は石橋の考えに賛同せず、この意見を広めなかったのか？

その答えは、この本の結論部分に当たるので今は語らないでおきます。続きを読みながらぜひみなさん自身で考えてみてください。

ちなみに、終戦の翌年元旦（１９４６年1月1日）に発表された昭和天皇による「新日本建設に関する詔書」には次のように書いてあります。

叡旨《えいし》公明正大、又何ヲカ加ヘン。朕ハ茲《ここ》ニ誓ヲ新ニシテ国運ヲ開カント欲ス。須《すべか》ラク此ノ御趣旨ニ則リ、旧来ノ陋習《ろうしゅう》ヲ去リ、民意ヲ暢達《ちょうたつ》シ、官民挙ゲテ平和主義ニ徹シ、教養豊カニ文化ヲ築キ、以民生ノ向上ヲ図リ、新日本ヲ建設スベシ。

筆者による口語訳

叡旨（＝天子の考え＝明治天皇の御誓文）は公明正大であり何を付け加える必要があろうか。朕（＝昭和天皇）はここに誓いを新たにして国の運命を切り開いていきたい。すべからくこの御趣旨（＝明治天皇の御誓文）に則り、旧来の陋習《ろうしゅう》を去り、民意を育て、官民挙げて平和主義に徹し、教養豊かに文化を築き、以って民生の向上を図り、新日本を建設すべきである。

この文章の趣旨は**「日露戦争の戦後処理以降、捻じ曲げられてしまった政府の世界観、大戦略を取り戻せ」**ということです。大東亜戦争は国際政治における日本の孤立が主な原因です。そして、この孤立をもたらしたのは、支那大陸の権益を巡る英米との対立です。そもそも、1937年の支那事変（日中戦争）から始まる準戦時統制、そして1941年の対米開戦から始まった戦時統制は五箇条の御誓文の精神に則ったものなのでしょうか?

第5条の「智識ヲ世界ニ求メ大ニ皇基ヲ振起スヘシ」とは「知識を世界に求めて天皇を中心とするうるわしい国柄や伝統を大切にして、大いに国を発展させましょう」という意味です。知識を世界に求めるというのはつまり、進んだ科学技術を持った国とは仲良くしていろいろ教えてもらおうということを含意しています。世界を敵に回して戦うこととは正反対のように思えますが、これは一体どうしたことでしょう?

新日本建設に関する詔書はこういった疑問に対する昭和天皇自らの答え合わせだと思います。五箇条の御誓文の精神を忘れたことが間違いの始まりだった。保守思想の根源を忘れたらろくなことにならない!!

大東亜戦争でボロ負けしてドカ貧になった国民は抜け殻のようになって終戦を迎えたの

です。そんな夢も希望もない時に、昭和天皇は「旧来の陋習を去り、民意を育て、官民挙げて平和主義に徹し、教養豊かに文化を築き、以って民生の向上を図り、新日本を建設すべき」と国民を励ましました。そして、自ら日本全国を回って国民を激励し、勇気を与えたのです。そして、多くの日本人が敗戦のどん底から立ち直るために、心を入れ替えて頑張りました。

これだけではありません。昭和天皇は、かつて二・二六事件で機能停止状態に陥った政府に代わり大御心を汲んだ参謀本部の奉勅命令上奏を裁可し、またポツダム宣言への対応で真っ二つに割れた御前会議において受諾の御聖断を下されました。日本人は二度と天皇陛下にこんな悲しい決断をさせるようなことがあってはならないと私は思います。そのためには、対米開戦を決断するに至る歴史を正しく知ることが大事です。そして、これこそが真の反戦教育であると私は確信しています。

しかし、大東亜戦争は終わっても、日本の歴史と伝統を守る戦いは終わりませんでした。むしろ、戦いは戦後からが本番!?　戦後も日本人は数多の敵（設計主義）と戦い、日本を守らねばならなかったのです。次章では現代に繋がる保守思想のミッシングリンクを繋げていきたいと思います。

第5章

戦後、保守自由主義は何と戦ったのか？

國體護持《こくたいごじ》に尽力した愛国者たち

対米開戦からの大東亜戦争。日本はこの一世一代の大ギャンブルに失敗し、敗北しました。その結果、日本は重い十字架を背負わされてしまいました。ポツダム宣言を受諾する唯一の条件として日本政府が提示したのは國體護持《こくたいごじ》。しかし、占領軍の中には、その約束を反故にしようとする勢力がいました。トーマス・アーサー・ビッソンやエドガートン・ハーバート・ノーマンなど、GHQ（連合国軍総司令部）に所属していたアメリカ人の一部はソ連の同調者だったのです。彼らは、天皇を戦犯として裁き、憲法を改編し、日本の國體そのものを変えようと企んでいました。これは1995年に公開されたヴェノナ文書の研究で明らかになるのですが、もちろんそんなのは後の祭りです。

しかし、この困難な状況の中で、憲法大臣の金森徳次郎《かなもりとくじろう》をはじめとした「愛国者」たちは國體護持に尽力しました。その結果、大日本帝国憲法第1条から第7条と同じく、日本国憲法でも「第一章　天皇（第1条から第8条）」と置き、立憲民主制の形を維持し、その内容をもってGHQを説得することに成功したのです。

文体は違えど、統治権の所在以外は基本的に書いてあることは同じです。例えば、「天皇は神聖にして犯すべからず」とは、「天皇は、日本国の象徴であり日本国民統合の象徴であって、この地位は、主権の存する日本国民の総意に基く」と意図するところは同じでしょ？　**そもそも1000年以上前に政治権力を失い、その後は国民のために祈り続ける天皇という存在が、国民の総意なしに存続しようがありません。憲法の条文上も天皇と民の関係（君民共治）は守られました。**また、手続きの面では、日本国憲法はあくまで大日本帝国憲法の改正手続きに則って成立しています。

さらに、憲法の条文だけでなく、実際の天皇と民の関係にも変化はありませんでした。皇居の一般参賀などの状況を見れば、いまだに日本人の大多数が皇室と天皇陛下に敬意を払っていることが分かります。平成31年、明仁天皇最後の一般参賀に普段の2倍の16万人もの国民が集まったことはまさにその証左と言えるでしょう。

日本国憲法の制定で伝統も歴史も断絶したと主張する右翼と左翼

ＧＨＱは形式上日本国政府にアドバイスをする権限を持っていましたが、事実上はこの憲法草案に納得し、日本国憲法は生まれたのです。苦労して明治維新を成し遂げた先人たちの精神は受け継がれた。私はそう考えています。

しかし、右翼的な思想を持った人は、この日本国憲法によって日本は普通の国ではなくなってアメリカの属国になってしまったと言います。彼らが言うには、国の基本権である「交戦権」を放棄したことは、屈辱以外の何物でもなく、それを持たない日本はもはや国ではないのだそうです。

そして、左翼的な思想を持った人々も同様にこの憲法によって日本では革命が起きてすべてがリセットされたと主張します。8月のポツダム宣言受諾により日本には「実質的な」革命が起こったと彼らは言います。なぜなら、戦前の「天皇主権※」から国民主権にシフトしたことで、「憲法制定権力が移行した」「憲法は国民が制定した」のだそうです。これが憲法学者の宮澤俊義《みやざわとしよし》により提唱されたいわゆる「8月革命説」というフィクションです（※ちなみに天皇主権というのは「君民共治《くんみんきょうち》」を言い換えた左翼用語です。実態をまったく反映していないレッテル貼りですが）。

大変不思議なことですが、右翼も左翼も日本国憲法の制定によって伝統も歴史も断絶したと主張しているわけです。おかしいですね？　確かに天皇に関する規定にはいくつもの改編がありましたが、国民と天皇の関係（君民共治）には変化がありませんでした。それなのに、なぜ伝統がリセットされたと言い張るのか？　革命好きな左翼がそう言いたいのは分かりますが、なぜ右翼までもがそのような妄言を言うのか？　もうみなさんその理由はお分かりですよね？　**第1章で説明した通り、右翼は設計主義というカテゴリーにおいて左翼と同じ思想系統に属するからです。彼らはリセットが簡単にできると思っているからこそ、変わってしまった日本を元に戻そう（復古主義）としているわけです。**それもまた革命なのですが、事の重大性が理解できていないようです。

日本の歴史と伝統の分断を画策する共産主義者たち

さて、ここで先に結論を言っておきます。右翼や左翼が何と言おうと國體は守られた。それが事実です。もう一度言います。國體は守られた。守り切った。これが事実です。**対米開戦によって一時的に敗北した日本の保守思想は、戦争と占領統治という困難を乗り越えて何とか生き延びました。先人たちは困難な状況の中で天皇を守り、國體を守り、日本の歴史と伝統を繋いできたのです。**

しかし、戦後も共産主義者はありとあらゆる手法を使って日本の歴史と伝統の分断を画策してきました。江崎道朗《えざきみちお》氏は著書『日本占領と「敗戦革命」の危機』（ＰＨＰ研究所）において、１９４５年から１９４７年にかけての日本が直面した危機的状況を詳細に描き出しています。この時期、日本は第二次世界大戦の敗北に伴い、連合国軍による占領下に置かれました。前章でも述べた通りこの占領時代における急激な社会変革や政治的動揺が、日本の国家としての存続を脅かすほど深刻なものでした。

都市部は空襲で壊滅し、食糧不足や物資の欠乏が深刻化し、多くの人々が生活の基盤を失っていました。そんな中、兵士として戦地に赴いていた人が大量に帰国する。彼らは全員失業者です。当然、共産主義勢力がこの混乱を利用するのは目に見えていました。

彼らが目指したのはずばり「敗戦革命」。残念ながら共産主義者の狙い通り日本は英米との激烈な消耗戦に突入し、敗北したのです。このチャンスを利用して、共産主義革命を達成する。かつてコミンテルンが世界中の共産主義者に命令したことを実行する時がきたのです。

日本を分断や崩壊の危機に晒した「敗戦革命」とは？

大変残念なことに、戦後の占領政策を主導した連合国軍総司令部（ＧＨＱ）の一部に共産主義勢力が紛れ込んでいました。**彼らは、日本社会を急進的に改革しようとする進歩的な思想を持ち、天皇を廃位させ國體を破壊することを目論んでいたのです。**実際に彼らは、軍隊を解体し、憲法改正や教育改革、労働運動の奨励などを推進しました。特に、労働組合の組織化や学生運動の活発化は、共産党の勢力拡大を助長し、社会不安をさらに高めました。

江崎氏は、この「敗戦革命」の動きが、日本を分断や崩壊の危機に晒したと主張します。中でも、１９４７年のゼネスト（全国的な労働者のストライキ）が成功していたら、本当に革命が起こっていた可能性は高かったと述べています。

当時、共産主義者たちは、戦後の混乱と社会不安を利用して、資本主義社会の転覆と社会主義国家の樹立を目指していました。具体的には、労働運動を中心に広範な大衆を動員し、ゼネストを通じて日本政府の機能を麻痺させることを計画していました。彼らの戦略は、労働者階級の不満を糾合し、経済的混乱を政治的な変革へと結び付けるというものでした。

1947年2月1日に予定されていたゼネストは、官公労（官公庁労働組合）を中心に計画され、鉄道や電力などの基幹産業を含む大規模なストライキが予定されていました。このストライキが実行されれば、交通機関や公共サービスが停止し、国全体が混乱に陥ることは確実でした。共産主義者たちは、この混乱を利用して、労働者階級を中心とした革命的政府の樹立を目指していたとされています。

さらに、共産主義者たちは、ゼネストの成功を機に全国的な蜂起を誘発し、既存の国家体制を崩壊させる計画を立てていました。この計画は、ソ連をモデルにした一党独裁体制の構築を視野に入れたものであり、GHQ内の一部勢力からの支持を得ることで実現可能性を高めようとしていました。

しかし、この計画は最後の最後でGHQ最高司令官のマッカーサーによって阻止されます。ゼネストは実行直前に禁止命令が出され、この計画は実行されませんでした。マッカーサーはゼネストが日本の社会的・政治的秩序を著しく混乱させる可能性にようやく気付き、共産主義者の思惑を阻止する決断を下したのです。

江崎氏はもしゼネストが予定通りに実行されていれば、冷戦初期のアジアにおける地政学的な勢力図は大きく変わっていた可能性があると指摘します。本当にその通りです。危なかった。

日本共産党は武装闘争を通じた革命の推進に従った

ちなみに、この共産主義者たちを率いていたのはもちろん日本共産党です。共産党の機関紙、『しんぶん赤旗』には、「1922年創立された日本共産党は同年11月のコミンテルン第4回大会で日本支部としてみとめられました」と堂々と書いてあります。まさに敗戦革命を企図したコミンテルンの日本支部が日本共産党でした。みなさんお気付きだとは思いますが、現存する日本共産党がまさにそれ。いまだに国会で議席を持つ国政政党として存続しています。

さて、1947年のビッグチャンスを逃してしまった日本共産党ですが、こんなことで諦めるはずがありません。革命には挫折がつきもの。くじけても再チャレンジする。というかしつこく粘るのが彼らの特性でもあります。ゼネスト失敗から3年後の1950年に朝鮮戦争が勃発します。そこから日本共産党はより直接的な行動を開始します。

朝鮮戦争が勃発すると、ソ連や中国の共産党から「武装闘争で北朝鮮を支援せよ」という趣旨の指令を日本共産党は受け取ります。なんと、日本共産党はろくに反論もせず、この外国からの指令に唯々《いい》諾々《だくだく》と従ってしまったのです。同年、日本共産党指導部が作成した「51年綱領」が発表されました。公安調査庁はその時の状況を次のように説明しています。

日本共産党は、同党の革命路線についてコミンフォルムから批判を受け、昭和26年10月の第5回全国協議会において、「日本の解放と民主的変革を、平和の手段によって達成しうると考えるのはまちがいである」とする「51年綱領」と、「われわれは、武装の準備と行動を開始しなければならない」とする「軍事方針」を決定しました。そして、この方針に基づいて、昭和20年代後半に、全国的に騒擾事件や警察に対する襲撃事件等の暴力的破壊活動を繰り広げました。しかし、こうした武装闘争は、国民から非難されるところとなり、昭和27年10月の衆院選では、党候補は全員落選しました。

ところで現在、日本共産党は、当時の暴力的破壊活動は「分裂した一方が行ったことで、党としての活動ではない」と主張しています。しかし、同党が昭和20年代後半に暴力的破壊活動を行ったことは歴史的事実であり、そのことは「白鳥警部射殺事件」(昭和27年1月)、「大須騒擾事件」(昭和27年7月) の判決でも認定されています (参考：https://www.npa.go.jp/archive/keibi/syouten/syouten269/sec02/sec02_01.htm)。

なんと51年綱領の中で武装闘争を通じた革命の推進が明文化されていました。なぜこんな横暴な指令を跳ね付けなかったのか？ 現在、日本共産党はこの件を誤魔化そうと必死で言い訳をしていますが、「51年綱領」を採択した黒歴史は消せません。

武力闘争路線ですべての議席を失った共産党

朝鮮戦争に前後して日本共産党は「山村工作隊」や「中核自衛隊」などの非公然軍事組織を作ってゲリラ活動を始めます。これらの活動は、鉄道やインフラ施設への攻撃を含む破壊行為を中心とし、政府の統治能力を弱体化させることを目的としていました。特に、都市部では地下活動が活発化し、労働運動や学生運動を通じて政府への対抗姿勢を強めました。彼らの説明によると、これは日本の資本主義体制とアメリカの占領政策に対する直接的な抵抗運動の一環なのだそうです。本当にそうでしょうか？

例えば、１９５２年6月24日から25日にかけて大阪府枚方市で発生した「枚方事件」は、在日朝鮮人や日本共産党員を中心とする北朝鮮支持派の約１００人によって引き起こされた公安事件です。この事件には山村工作隊のメンバーが関与していました。

彼らは旧陸軍工廠枚方製造所に侵入し、水圧ポンプを時限爆弾で爆破しました。その後、「朝鮮戦争勃発二周年記念前夜祭」を開催。その祭りの終了後には、小松製作所の関係者と誤認した無関係の人物を襲撃しました。さらに、竹槍や棍棒《こんぼう》を使い火炎瓶を投げ込むなどして、家屋や車庫、自動車を焼き払い、現場から逃走しました。この一連の事件に関連し、最終的には98人が逮捕されました。

また、１９５２年（昭和27年）7月30日には、山梨県南巨摩郡《みなみこまぐん》曙村《あけぼのむら》の資産家が竹槍や棍棒で武装した約10人の山村工作隊に襲撃されるという事件が発生しました。就寝中の小学生の子どもを含む家族５人が棍棒で殴られ、縛られた上に頭から冷水を浴びせられるなどの拷問を受け、重傷を負います。犯人グループは現金４８６０円と籾《もみ》1俵を盗んで逃走しました。

誰がどう見てもガチのテロリスト。単なる犯罪集団、迷惑集団にしか見えません。もちろん、こんな武力闘争路線が日本社会から広く支持を得ることはありません。日本人の常識からすれば、「いくら正しいことでも暴力はいかん」というのが当たり前ですから。**そして、共産党は孤立を深めることになり、1952年10月の衆院選で惨敗しました。なんと、すべての議席を失ってしまったのです。**

共産党が武力放棄したのは日本社会に支持を得られなかったから

さらに、共産党の暴力路線への転換と相前後して、GHQはレッドパージと呼ばれる大規模な共産主義者の追放を実施しました。1950年から労働組合や教育現場から共産主義の影響を一掃する動きが強まります。GHQ参謀第2部（G2）の部長であったウィロビー少将が、旧日本軍参謀たちから情報提供を受け、共産主義者たちを警戒し始めたのです。この一連の弾圧は「逆コース」と呼ばれ、日本共産党に深刻な打撃を与えました。

最終的に、日本共産党は武装闘争の路線を放棄し、合法的な政治活動へと方針を転換した……ことになっています。信じていいのでしょうか？　少なくとも公安調査庁はこの方針再転換をまったく信用していません。

共産党は，第5回全国協議会（昭和26年〈1951年〉）で採択した「51年綱領」と「われわれは武装の準備と行動を開始しなければならない」とする「軍事方針」に基づいて武装闘争の戦術を採用し，各地で殺人事件や騒擾（騒乱）事件などを引き起こしました。その後，共産党は，武装闘争を唯一とする戦術を自己批判しましたが，革命の形態が平和的になるか非平和的になるかは敵の出方によるとする「いわゆる敵の出方論」を採用し，暴力革命の可能性を否定することなく（注2），現在に至っています。

こうしたことに鑑み，当庁は，共産党を破壊活動防止法に基づく調査対象団体としています（参考：共産党が破防法に基づく調査対象団体であるとする当庁見解　https://www.moj.go.jp/psia/habouhou-kenkai.html）。

公安調査庁のこの見解は現時点でも有効であり、日本共産党は公安の監視団体であるということは厳然たる事実です。このことは絶対に忘れないでください。

なお、公安調査庁の言う「敵の出方論」について説明しておきます。共産党は「革命が平和的となるか非平和的となるかは結局敵の出方による」という理論をいまだに堅持しています。具体的には、「敵」とされる既存の権力構造や体制の反応を観察し、その出方や対応に基づいて自らの行動を決定するというものです。

例えば、権力側が弾圧や抑圧を強化する場合には、正面対決を避けるために地下活動や非暴力的な手法を選択し、逆に、社会情勢が変化して権力側が妥協や譲歩を見せる場合には、それを活用して合法的な手段で目標を達成しようとする、といった具合です。しかし、この理論に従えば、特定の情勢下で暴力革命が有効ならそれは容認されることになります。つまり、公安調査庁の言う通り暴力革命の可能性は完全に否定されていないのです。

日本共産党が武力闘争を放棄したのは、日本社会の支持を得られず、失敗に終わったからです。その経験を踏まえ、ある意味現状に迎合するご都合主義、機会主義に路線転換した。それが「敵の出方論」の本質ではないでしょうか？

保守政治家たちが大同団結し自由民主党（自民党）が誕生

しかし、こういう機会主義的で一貫しない態度は党内の強硬派、過激派からは「共産党は日和った」「根性がない」と不興を買いました。そして、この路線対立が激化して修復不能となり、過激派は日本共産党を去りました。この過激な分派こそがいわゆる「新左翼」であり、今でもたまに新聞でその犯罪が報道される中核派や革マル派はその残党です。

戦争は終わっても、日本に過激な革命を起こそうとする勢力の波状攻撃は止みませんでした。こんな危機的な状況の中で、国家の一体性を保つべく奮闘したのは誰でしょう？それは前章でたびたび引用した石橋湛山をはじめとする保守政治家たちです。**保守政治家たちは1955年に大同団結し自由民主党（自民党）が誕生しました。彼らこそが共産主義者たちが進めようとした急進的な改革の防波堤となり、日本社会が壊れることを防いだ立役者だったのです。**

設計主義者と保守思想の憲法を巡る戦い

さて、設計主義者と保守思想の戦場は、ＧＨＱとの闘いや労働組合や共産主義活動家との戦いだけに限りません。**最大の戦いは憲法を巡るものです。あえて単純化して言うなら憲法9条をどう読み、解釈するか？** 実はこの戦い、理論上はとっくに決着がついているのですが、共産主義者や東大憲法学は負けを認めずいまだに粘っています。その証拠に、

図 6 日本共産党の公式 HP

(参考:https://www.jcp.or.jp/akahata/aik13/2013-10-27/2013102702_01_0.html)

2013年の特定秘密保護法、2015年の安保法制を巡るバカ騒ぎを思い出してください。居酒屋で政府の悪口を言って捕まった人は何人いたでしょうか? 一体何人のパパが戦場に送られたのでしょうか?

図 7 社民党のポスター

すべての根源は憲法9条の解釈です。共産主義者たちは日本国憲法を「平和憲法」と呼び、一切の戦いを禁止する原理主義的な「非武装中立」の憲法だと言い張っていました。いわゆる「非武装中立論」です。非武装中立論とは、日本国憲法第9条の文言に基づき、日本がいかなる軍事力も保持せず、他国との武力による紛争に一切関与しないことを主張する理論です。この考え方は、憲法第9条の条文に書かれた「戦争放棄」「戦力不保持」という言葉を、辞書的な意味で解釈することに基づいています。つまり、「戦争放棄」は戦うことの放棄、「戦力不保持」は出刃包丁一本ですら持たないぐらいの極端な意味で解釈しています。そのため、非武装中立論を主張する人は往々にして現実的に理解できない主張をすることが多いです。

安保法制の頃、ネットで拡散された以下の画像をご覧ください。この団体は「戦争させない・9条壊すな！　総がかり行動実行委員会」という「大手団体」によく似ていますが、連絡先や構成員、行動予定などが不明で実態がありません。おそらく安保法制反対のために急遽作られた工作アカウント（ネタアカ）の1つだったと思われます。とはいえ、図8のポスターに書いてあることはいわゆる非武装中立論としては百点満点の解答です。

図8 実態がない団体のポスター

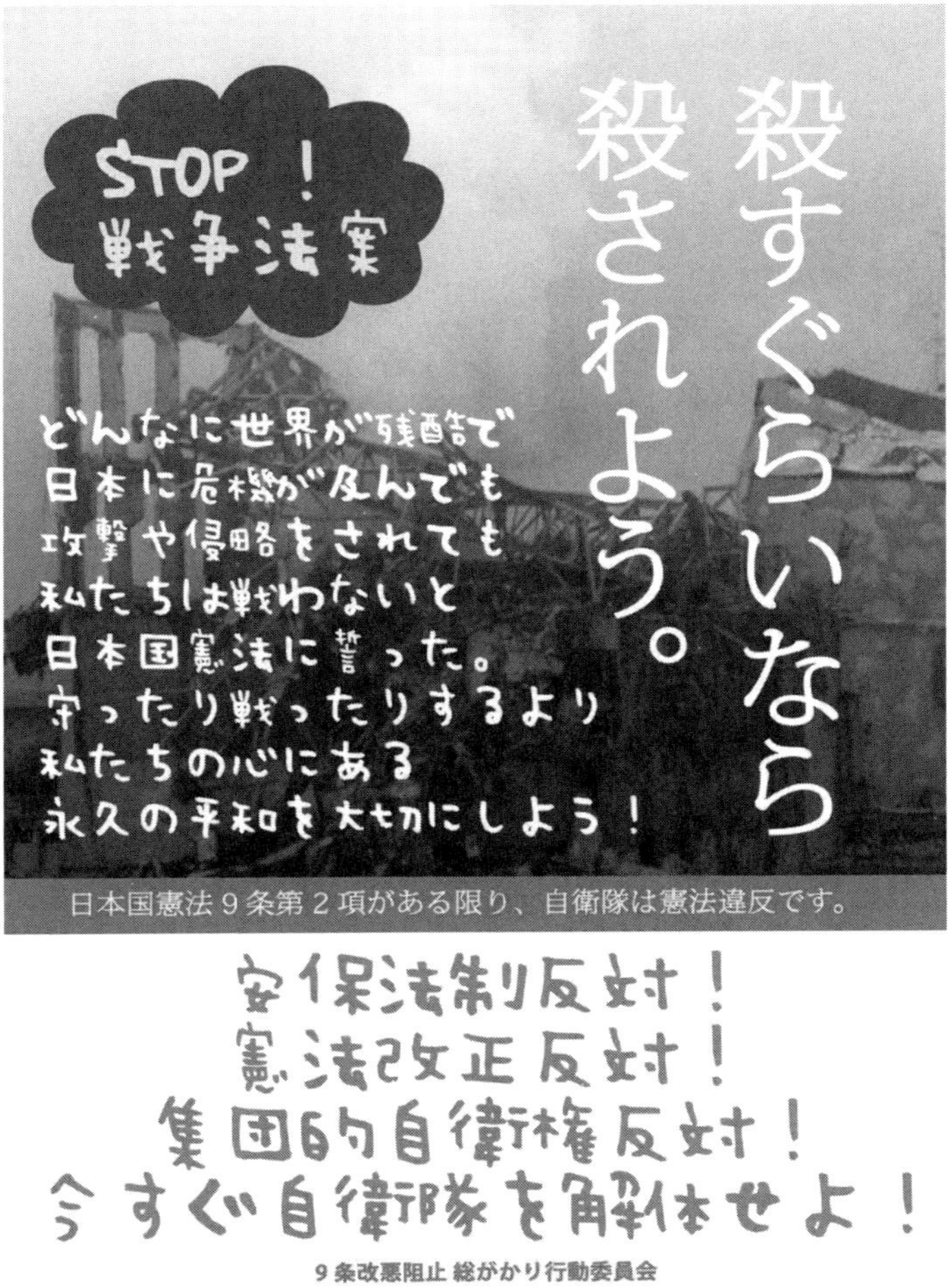

戦争になったら逃げればいいという「白旗論」

ただ、さすがにこれは煽り過ぎ。非武装中立論の名誉のために、もう少しまともな人の意見を拾っておきます。非武装中立論の代表的論者である司法試験伊藤塾塾長の伊藤《いとう》真《まこと》氏（弁護士）です。

（引用）

前回の雑感では、愛国少年だった私がなぜ憲法9条に目覚めたのかを書きました。自分自身の経験や新渡戸《にとべ》稲造《いなぞう》の『武士道』や勝海舟《かつかいしゅう》に影響を受けて、憲法9条の非軍事中立が最も自分の価値観にぴったりくるし、小さな島国である日本で国民・市民の命と生活を守るためには最も現実的な方法だと考えるようになったのです。そして、その根底には、憲法の個人の尊重や平和主義を整合的に矛盾なく考えたいという思いも強くありました。

（中略）

少なくとも日本において、個人に対して国が「逃げるな、戦え」と強制することは、市民に逃げることを禁じた忌まわしい防空法があった戦時中と同じであり、それは許されません。国のために戦いたい人は戦えばいいし、武器での抵抗が性に合わないけれども抵抗したいというのであれば、非暴力抵抗をすればいいし、単に逃げたい人は逃げればいい。逃げることができずに戦うことが自分や家族の命を守ることにつながると考えるのであれば、戦えばいい。戦わずして白旗を上げることのリスクを承知の上で、そうしたいのであればそうすればいい。それぞれが自分で判断すべきことだと考えます。少なくとも多数意見に従う必要は無いし、ましてや国に従う必要も無い。すべて個人の人格的生存にかかわる自己決定権の問題ですから、憲法は個人の自由にまかせています（憲法13条）。

日本は大日本帝国憲法の価値観からポツダム宣言を受諾して日本国憲法を制定したことによって、大きな価値の転換を図りました。主権者が天皇から国民に変わり、台湾出兵から71年間も戦争し続けた国から、戦争しない国に変わったのみならず、何よりも国家を第一に考える国（国家主義）から一人ひとりの個人を尊重する国（個人主義）に大きく転換したのです。国家のために臣民が犠牲になることも当然とされた価値観から脱却し、一人ひとりの個人の幸せのために国が存在するという大きな転換です。

侵略された場合のように国の一大事において、そのように一人ひとりの行動がバラバラでは、国家が成り立たなくなる、一致団結するべきだと考える人もいるかもしれませんが、

そもそも国家は個人を尊重して、一人ひとりの生命、自由を守るためにあるのですから、その国家があてにならなくなった以上は、国家のために個人が犠牲になることはありません。これが抵抗権の保障です（参考：https://www.itojuku.co.jp/jukucho_zakkan/articles/20220701.html）。

戦争になったら逃げればいい。いわゆる「白旗論」が持論のようです。違和感をお持ちの方も多いと思いますが、この考えの源流をたどりますので少々お待ちください。

「非武装中立論」という不可能な理想論

元々、非武装中立論の主張は、主に戦後の日本における平和運動や左派思想を基盤とする政治家や学者たちによって展開されました。その代表的人物として、先ほども紹介した憲法学者の宮沢俊義や国際法学者の高野《たかの》雄一《ゆういち》が挙げられます。**特に宮沢俊義は、戦後日本における憲法解釈の権威とされ、「日本国憲法は平和憲法であり、戦力を一切持たないという規定を厳格に守るべきだ」とする主張を展開しました。彼の主張は、１９４７年に日**

本国憲法が施行されて以降の日本の法学界で広く影響力を持つことになります。

また、非武装中立論は日本社会党や共産党をはじめとする左派政党の政策にも反映されました。1950年代から60年代にかけての冷戦期には、これらの政党が「非武装中立」を党是の1つとして掲げ、日本が自ら軍備を持たず、国際的には中立的な立場を取るべきだと訴えました。これは表向きは、アメリカを中心とした西側諸国の軍事同盟に対する反発や、戦争を繰り返さないための平和主義的理念と言われています。

非武装中立論の出典としては、宮沢俊義が著した憲法学に関する論文や著作が挙げられます。例えば、彼の代表作『憲法概説』では、憲法第9条が持つ平和主義的な意義を強調し、戦後日本が軍備を持つべきではない理由を詳細に論じています。これらの主張は、第二次世界大戦後の平和運動や憲法改正論議の中で重要な議論の基盤となりました。

もちろん、非武装中立論は現実的な国際情勢から考えて不可能な理想論です。特に1950年代の朝鮮戦争や、冷戦期における国際情勢の緊張が高まる中で、「非武装中立が現実的かつ持続可能な安全保障政策となり得るのか」という疑問は何度も提起され、国民は「なり得ない」という決断を下しました。1955年の保守合同以来、短期間政権を失うことがあっても概ね自民党中心の政権がいまでも続いているのがその証拠です。

「War（戦争）」とは「武力による現状変更」を指す言葉

さらに、憲法9条がそもそも非武装中立を規定する条文なのかどうかという究極的な問題があります。この点については東京外語大学教授で国際政治学者の篠田《しのだ》英朗《ひであき》氏のいわゆる「憲法篠田説」を基に説明します。まずは憲法9条の条文を読んでみてください。

日本国憲法第九条　日本国民は、正義と秩序を基調とする国際平和を誠実に希求し、国権の発動たる戦争と、武力による威嚇又は武力の行使は、国際紛争を解決する手段としては、永久にこれを放棄する。

②　前項の目的を達するため、陸海空軍その他の戦力は、これを保持しない。国の交戦権は、これを認めない。

次にこの部分の英文草案を引用します。意味は分からなくても大丈夫です。後で解説しますのでざっくりと読み飛ばしてください。

Article VIII. War as a sovereign right of nation is abolished. The threat or use of force is forever renounced as a means for settling disputes with any other nation.

No army, navy, air force, or other war potential will ever be authorized and no rights of belligerency will ever be conferred upon the State.

まず、憲法9条の第2項には、「戦力の不保持」が定められています。ここで問題になるのは「戦力」という言葉です。そこで、英文草案の方を見てください。「War Potential」という言葉が「戦力」の訳語で当たることが分かります。

さて、この「War Potential」という言葉の意味するところをみなさんはご存じでしょうか？　「War（戦争）」を行う「Potential（潜在能力）」ということなんですが、問題はこの「War（戦争）」の定義です。

第二次大戦が終わった後、全世界の国々はもう戦争はこりごりだと思って、戦争を禁止しました。その際、戦争の定義とは「武力による現状変更」と明確に定められました。第二次大戦終結時点の国境線を武力によって書き換えてはいけない。これが国際秩序の禁止する「戦争」なのです。大事なことなので繰り返しますが、**「War（戦争）」とは「武力**

による現状変更」を指す言葉なのです。

つまり、現代の事実と照らし合わせれば「War Potential（戦力）」とは文字通り武力によってウクライナとの国境を変更しようとしているロシア軍や、それを手伝っている北朝鮮軍に当てはまる言葉です。中国の人民解放軍も台湾侵略の意図を隠していませんので、これも「War Potential（戦力）」と認定されるでしょう。

これに対して、日本の自衛隊はどうでしょう？　日本はいつ武力による国境変更の意図や政策を発表したのでしょうか？　自衛隊は警察予備隊として設立された時からそういう組織ではありません。むしろ逆に武力による現状変更を受けた際に、自国の領土、領海、国民を守るための力です。こうして自力（自衛力）で持ちこたえている間に、国際秩序側の国々が助けに来る。これこそが国連憲章に書かれた集団的安全保障の考え方です。

国際秩序の救援が来る前に自国を守ることは自衛権の行使であって、戦争ではありません。ここがとてもトリッキーでテクニカルなので注意してください。**例えば、中国人民解放軍が尖閣諸島に侵攻してきた場合、中国が仕掛けてきたのは戦争です。これに対して、尖閣を守る自衛隊の行為は自衛権の行使であって戦争ではないのです。**

法律の解釈というのは言葉の定義からして厳密に行う必要があります。戦争や戦力といった言葉の辞書的な意味に引きずられて誤った解釈をしてはいけません。「戦争」は「War」であり、「戦力」は「War potential」なのです。それぞれの言葉には歴史的な経緯があり、厳密にその言葉の定義が決まっているのです。

法律の条文に出てくる単語は辞書的に解釈してはいけない

そのことを分かりやすくご理解いただくために、民法を例にしましょう。民法の条文には「善意」「悪意」という言葉が出てきます。善意の辞書的な意味は「他人や物事に対して持つ、よい感情・見方。好意」で、悪意はその反対ですが、民法の条文においてそのような意味はまったくありません。辞書的な意味で善意、悪意を解釈してしまうと、以下の条文はまったく持って意味不明となりませんか？

民法　第百八十九条

善意の占有者は、占有物から生ずる果実を取得する。

2　善意の占有者が本権の訴えにおいて敗訴したときは、その訴えの提起の時から悪意の占有者とみなす。

善意の占有者とは、その占有物を所有しているのが自分だと誤信している人のことです。本当はその人の占有物ではないのだけれど、その事情を知らない状態。善意とは概ね「(事情を) 知らない」という意味です。

これに対して、悪意の占有者とは、本当はその占有物が自分のものでないと気づいている人のことです。悪意とは概ね「(事情を) 知っている」という意味になります。

占有物が例えばリンゴの木だったとしましょう。善意の人はリンゴの木になった実を自分のものにしても法的にまったく問題ありません。本当の所有者がいたとしても、善意の人のもの。民法がそう保証してくれているのです。

もちろん、その人が裁判に訴えられて善意であることを証明できなかったら悪意、つまり事情を知っていた人になります。悪意の占有者に認定されてしまうと今度は民法190条が適用されます。

民法　第百九十条　悪意の占有者は、果実を返還し、かつ、既に消費し、過失によって損傷し、又は収取を怠った果実の代価を償還する義務を負う。

悪意の場合、リンゴの実は真の所有者に返さないといけないし、食べちゃった時はお金などで賠償しなければいけない。民法にはそう書いてあります。その人がいい人なのか悪い人なのかなんてまったく関係ありませんよね？

このように、法律の条文に出てくる単語は辞書的な意味で解釈してはいけないのです。刑法にも「責任」という言葉が出てきますが、これは「自分で悪いと分かってやっている」という意味であって、「なすべき務め」という辞書的な意味とはかなりニュアンスが違います。

同様に、憲法の条文に出てくる「戦争」「戦力」という言葉を、「戦うこと」とか、「戦う力、道具」と読み替えてしまったら訳が分からなくなってしまいます。繰り返しになりますが、「War（戦争）」とは「武力による現状変更」であり、「War Potential（戦力）」とは「War」を行うための潜在能力（例：ロシア軍、朝鮮人民軍、人民解放軍など）です。**これは国際法の長年のプラクティス（実践）からそのように定義されたものであり、正しい言葉の定義を使って日本国憲法９条を読み解かなければ先ほどの善意、悪意のような混**

乱を招くことは必至です。なお、もっと詳しい理論的な説明はぜひ篠田氏の著作『ほんとうの憲法』(ちくま新書)をご参照ください。

平和を維持するための新しい国際秩序の課題とは?

さて、もう1つ大事なことを指摘しておきます。日本国憲法はその成立経緯から、戦後の国際秩序を前提として書かれています。第二次大戦による大破壊に戦慄した人類は、ついに戦争禁止の枠組みを作り出しました。それが国際連合と安全保障理事会、並びにそれをサポートする北大西洋条約と日米安保条約なのです。その経緯を簡単にまとめておきましょう。

20世紀に入ると、国家があらゆるリソースを戦争に投入する「総力戦」という概念が生まれ、この戦争では攻撃対象が敵の軍隊だけに限定されなくなりました。例えば、敵国の軍隊を弱体化させるために、その工業力自体が攻撃の対象となり、結果として工業地帯に住む一般市民も攻撃のターゲットとされました。このような戦争の形態が現れる中で、二度の世界大戦によって世界中が壊滅的な被害を受け、全世界の人々が深刻な打撃を被りました。こうした背景から「もう戦争はやめよう」という機運が高まり、戦勝国を中心に戦争の定義を改める動きが始まりました。

第二次世界大戦後に確定した新しい国際ルールでは、戦争により国境線を武力で変更することを禁止し、宣戦布告の有無にかかわらず現状を武力で変更する行為を認めないことが決められました。この瞬間から、それまで合法とされていた「国権の発動たる戦争」は全世界で違法とされました。「国権の発動たる戦争」とは「国家は交戦権を持ち、宣戦布告して戦争を開始し、第三国の仲介で講和する」ことです。

もし交戦権を振りかざし戦争を始める国が現れた場合、全世界がその国を制裁する。これが戦後の国際秩序を形作る「集団的安全保障」体制です。本来、これを担う中心的な役割は国際連合（国連）が果たすはずでしたが、実際にはアメリカとその同盟国を中心とする「安全保障アーキテクチャ」がその役割を担うことになりました。

ただし、この新しいルールには現実的な課題もありました。ある国が侵略を受けた場合、国際秩序による救援が来るまでには時間がかかります。その間に侵略が進行し、国民が殺害され国土が占領されてしまっては、取り返すためのコストが莫大になってしまう。**そのため、侵略を受けた国は、国際的な支援が到着するまで自国の軍隊によって持ちこたえる**

必要があるとされました。また、たとえ自国が戦場になっていない場合でも、その軍隊を国際秩序に基づく制裁活動に参加させることが推奨されました。このように、新しい国際秩序は平和を維持するための枠組みとして機能することを目指していましたが、その運用には多くの課題と工夫が求められるものでした。

国連憲章に「非武装中立で一方的にやられてください」とは書いていない

戦前、日本はドイツと共に国際秩序を破る側に身を置きました。政府も国民も「国権の発動たる戦争」ができたころの古い考え方に囚われていたからです。しかし、前章で紹介した新日本建設に関する詔書に書かれていた通り、**今度は国際秩序を守る側に身を置き世界平和と経済の発展に尽力すると宣言したのです。その流れの中で行われたのが憲法の改正でした。憲法の前文にも、9条にもしつこく「戦争（War）」の放棄について書かれている理由は、もう二度と国際秩序を破る側には行かないという国際的な約束なのです。**

とはいえ、日本がいくら国際秩序を守っても、実際にはロシア、北朝鮮、中国のような国際秩序を守らない国があるのも現実です。これらの国々が弱い国を侵略してどんどん併合していくことがないようにアメリカを中心とした同盟がこれを抑止しています。国連に足らない機能を補うのが北大西洋条約であり日米安保条約なのです。国連憲章もそういった自助努力を認めています。

国連憲章第51条

この憲章のいかなる規定も、国際連合加盟国に対して武力攻撃が発生した場合には、安全保障理事会が国際の平和及び安全の維持に必要な措置をとるまでの間、個別的又は集団的自衛の固有の権利を害するものではない。この自衛権の行使に当って加盟国がとった措置は、直ちに安全保障理事会に報告しなければならない。また、この措置は、安全保障理事会が国際の平和及び安全の維持又は回復のために必要と認める行動をいつでもとるこの憲章に基く権能及び責任に対しては、いかなる影響も及ぼすものではない（参考：https://www.unic.or.jp/info/un/charter/text_japanese/）。

「安全保障理事会が国際の平和及び安全の維持に必要な措置をとるまでの間、個別的又は

集団的自衛の固有の権利を害するものではない」とハッキリ書いてありますね。戦後の新しい世界秩序に自らを組み込んで再出発を図った日本は当然この条文の通りに行動していいし、しなければなりません。国連憲章第51条には「非武装中立で一方的にやられてください」とは書いてないわけですから。

ところが、こんな簡単な理屈も分からず、いやおそらく分からないようなふりをして戦力を「戦う力」と読み替えて出刃包丁1本でも持ってはいけない、非武装でなければいけないという極論がまかり通っていたわけです。それも、日本で一番偏差値の高い大学で教えられている憲法学、東大憲法学を発信源として……。

なぜ宮澤俊義は右翼から左翼へ逆振れしたのか？

歴史的経緯から考えて、国連憲章と日米安全保障条約と日本国憲法はワンセットで理解すべきものです。ところが、彼らはその歴史を捻じ曲げ、終戦と同時に革命が起きたという謎理論を唱えているわけです。前章で紹介した8月革命を唱えたのも、戦後の東大憲法学の家元である宮澤俊義だったことを思い出してください。なぜ宮澤俊義はこんな言説をまき散らしたのか？

『ほんとうの憲法』（筑摩書房）の著者である篠田教授に私は直接その理由を尋ねたことがあります。篠田教授は「完璧には証明できない話だが」と前置きしたうえで、宮澤俊義が美濃部《みのべ》達吉《たつきち》の弟子であり、戦前から東大憲法学を支えていたという事実が重要だと指摘しました。戦前の東大憲法学とはドイツ国法学を基本として大日本帝国憲法の解釈を独占する学派であり、アメリカから見ると右翼憲法学者の巣窟でした。その右翼憲法学者の正統後継者にしてリーダーだったのが宮澤俊義です。**そうです、宮澤俊義は戦前の右翼憲法学者から、戦後は最左翼の非武装中立論に「逆振れ」したのです。なぜそんなことをしなければならなかったのか？**

ここからはあくまでも仮説です。戦後、宮澤俊義が転向しなければ全国の大学にいる東大憲法学系の先生たちがＧＨＱの公職追放の餌食になり失業する可能性がありました。それはそうです。日本を戦争に導いた右翼憲法学者たちですから、ＧＨＱにしたら粛清対象です。しかし、宮澤俊義には面倒見の良い親分気質があったとしたらどうでしょう？　自分が恥を忍んで転向する代わりに、数多の東大憲法学徒を救えるとしたら……喜んで自分の学問的誠実性など犠牲にしよう！　そう考えてもおかしくなかったのではないか？

戦争直後は酷い食糧難で餓死というのはリアルすぎるリスクでした。食うために自説を曲げる。仲間の命を守るためなら曲げざるを得ない。何となくわかるような気もします。ただし、これはあくまでも憶測の話であって、事実かどうかは確認が取れません。

とはいえ、宮澤俊義が片方の極端からもう片方の極端に振れたことは事実です。しかし、あまりに現実離れした極端な非武装中立論だったため、その後宮沢の弟子たちは時代に合わせて微修正を続けています。今の東大憲法学徒に宮沢ほどの極端で単純な非武装中立論を唱える人は少ないです。いろんな屁理屈、政府答弁の訓詁学《くんこがく》などを用いて、理解に苦しむ解釈の修正を続けている。その内輪の理論はハッキリ言って観念論と訓詁学。理解不能です。もっとシンプルに、国際法と整合するように解釈すれば楽なのにと私は思います。

ロシアは戦争していて、ウクライナは戦争していない

さて、憲法と自衛権の話を解説したついでに「自衛戦争」と「自衛権」の違いについて明確にしておきたいと思います。実はこの違いはよく出題されるひっかけ問題で、ちゃんと理解しておかないと東大憲法学が仕掛ける「芦田修正」の罠に引っかかります。

まず「自衛戦争」という概念ですが、国際法上は存在しません。自衛と冠がついても戦争は戦争ですから。自衛だろうが侵略だろうが、戦争は武力による現状変更であり、全部違法です。こう言うと「いまウクライナが戦っている戦争は自衛戦争じゃないんですか?」という質問が出ると思います。もちろん答えは「自衛戦争ではありません」です。

意外かもしれませんが、むしろ侵略者のロシアが仕掛けてきたのが「自衛戦争」です。ロシアがウクライナを侵略した屁理屈（ナラティブ）の1つに「NATOの東方拡大」というのがありましたよね？　NATOがウクライナを飲み込んで、モスクワの喉元にミサイルを突き付けられる前に自衛のために侵略した、というのが侵略を正当化するナラティブの1つだったことを思い出してください。

逆に言うと、ウクライナはロシアが仕掛けてきた「自衛戦争」で主権を侵害されたため、「自衛権」を行使して戦っているに過ぎません。ロシアは違法、ウクライナは合法。非常に分かりやすいですよね？　ロシアは戦争していますが、ウクライナは戦争していません。ウクライナは自衛権を行使しているだけです。このように、双方が軍事力を行使していても、国際法上の意味は全然違います。

「芦田修正の罠」とは？

さて、ここで非武装中立論を完全論破するために「芦田修正の罠」について解説します。芦田修正とは「自衛戦争の余地を残すために、憲法改正小委員会の委員長であった芦田《あしだ》均《ひとし》が憲法条文に挿入した余計な文言」とされています。篠田教授の説明は以下の通りです。

憲法学者の教科書を読むと、芦田均・憲法改正小委員会の委員長が、日本国憲法案を審議していた際、裏口からの憲法改正を試みて9条1項冒頭に「日本国民は、正義と秩序を基調とする国際平和を誠実に希求し、」という文言を挿入し、9条2項冒頭に「前項の目的を達するため、」という文言を挿入した、という説明に出くわす。

憲法学通説は、「しかし芦田の試みは失敗した、挿入の仕方が下手くそだったので、9条の趣旨を変えることができなかった」と結論づける。改憲論者を挫《くじ》く結論を強調するために、憲法学通説が「芦田修正」という概念を作り出したのである（参考：https://agora-web.jp/archives/2205300004.html）。

しかし、実際に芦田修正などというものは存在しないのです。芦田修正と言われるこの部分は単なるリマインドのための挿入句です。何をリマインドしようとしているかというと、憲法の前文。つまり、日本はもう国際秩序に歯向かうことはやめます、日本は国際秩序を守る側になりますというあの宣言です。

現在の9条は、GHQ草案においては1条でした。その理由は分かりますよね？　国際秩序を破る側でついこの間まで大戦争をしていたのが日本ですから。そこは一番改めてもらわないと困ります。そのため元々9条は、前文と高い連動性を持っていました。

篠田教授によれば、GHQ内ではそもそも草案の1条（現9条）を前文の一部とするべきではないかという議論もあったそうです。それが1つの条文として独立したのは、具体的な法的拘束力を示すためでした。

また、現9条が1条ではなくなったのは、大日本帝国憲法改正手続きを経て新憲法が制定される過程で、大日本帝国憲法と同じように天皇に関する規定が「第1章」を構成すべきだということになったからです。これこそ、憲法大臣の金森徳次郎が守った大事な國體です。保守思想に基づいたこの意見があって、その結果として「第2章」は短文の9条だけという歪な構成になってしまったわけです。

芦田氏が懸念したのは、この歪な構成によって前文と9条の連動性が消えてしまうことでした。そこであらためて前文の内容を短く要約する形で「日本国民は、正義と秩序を基調とする国際平和を誠実に希求し、」という文言を挿入しました。これもまた歴史的経緯として正確に記憶すべき事実です。

つまり、芦田氏は最初から修正なんてしてないのです。芦田均は元々外交官で国際法に明るかったので、この憲法は国際法と国際秩序を前提に書かれていることを十分に理解していました。だからこそ、その点をしっかりとリマインドするためにこの文言を挿入したのです。これは「芦田修正」ではなくて、本来「芦田リマインド」と呼ばれるべきものだと思います。

左翼は陰謀論と親和性が高い

左翼は基本的に陰謀論に親和性があります。そのため「芦田は悪辣にも日本を戦争ができる国になる余地を残そうとした。しかし、失敗した‼」という作り話で盛り上がっているわけです。誰かを究極の悪者に仕立てて、勧善懲悪の二元論で物事を単純に処理する。

まさに結論ありきの設計主義的な仕草だと思います。もう本当に止めてほしい。

芦田修正のような荒唐無稽な話を歴史的事実と誤解していることは、日本にとって深刻な問題です。我々の先祖がどのように国難に対処したかを正確に学び、同じ間違いを繰り返さないようにすることが重要です。

例えば、映画『新聞記者』という名作（？）をご存じでしょうか？　この作品は、日本政府が生物兵器を秘密裏に生産しているという設定で、それを追うジャーナリストを主人公にした「フィクション」です。内容には多くの突っ込みどころがありますが、陰謀論に影響された人々には「刺さる」内容だったようです。この映画が日本アカデミー賞を受賞しました。大変残念ですが、日本の映画業界はそっち系の陰謀が大好きなようです。そして、非常に残念なことにこの陰謀映画が事実だと誤認している左派系の政治家や活動家が多数いたのは驚きでした。左派系の政治家や活動家には高学歴な人が多いように見受けられますが、やはり偏差値教育には限界があり、人間の本当の頭の良さを測る尺度としてはあまり機能しないことを見せつけられた思いです。

芦田均は現実的な保守政治を確立した功労者

ちなみに、芦田均という政治家は戦前、戦後を通じて、左右両極端の動きを抑えつつ、安定した保守政治の基盤を築こうと努力した保守政治家の一人です。**彼の最大の功績は、戦後の混乱期において、左翼勢力による革命の可能性と、右翼勢力による戦前回帰の双方を防ぎながら、日本の民主主義の定着を促進した点にあります。**

まず、彼は社会党や共産党などの左翼勢力が推進しようとした急進的な改革に対して、現実的な視点から歯止めをかけました。戦後直後、日本にはソ連型の社会主義革命を志向する勢力が一定数存在し、労働運動やゼネストなどを通じて政府に圧力をかけていました。しかし、芦田は自由民主主義の枠組みを重視し、極端な社会変革による国家の不安定化を防ぐための政治的バランスを取る役割を果たしました。彼の内閣は短命に終わったものの、彼が示した現実的な政策の方向性は、後の保守政治の基盤となりました。

一方で、戦前の軍国主義的な体制への回帰を望む勢力に対しても、彼は抑制的な立場をとりました。戦後の日本では、一部の勢力が戦前の統制経済や国家主義を復活させようとしましたが、芦田はこれを許さず、戦後の新しい国際秩序の中で日本が自由主義国家として再建されるべきだと考えました。

さらに、芦田は保守政治家として、戦後の日本が国際社会に復帰するための外交的努力も行いました。彼の内閣時代には、占領期の日本の自主性を強化しようとする動きが見られ、後に日本の独立回復に向けた基礎が築かれました。特に、彼の外交手腕は、後に吉田《よしだ》茂《しげる》首相らが進める戦後復興政策や日米関係の安定化に影響を与えたと言えます。

このように、芦田均は現実的な保守政治を確立した功労者です。彼は後の日本の保守政治の方向性を決定づけ、自由民主主義の下での国の発展に大きく貢献しました。

日本の保守本流、自民党

実は、終戦から現在に至るまで、主に共産主義者たちによる國體の破壊から日本を守ってきたのは芦田のような心ある保守政治家たちだったのです。先述した通りその保守政治家たちが1955年に大同団結してできたのが自由民主党（自民党）です。戦後の保守思想の担い手は自民党であった。これは当たり前のようで意外と知られていないのではないでしょうか？　もちろん、論壇を沸かせた保守系の言論人はたくさんいて、彼らが自民党政治家に一定の影響を与えていたことは否定しません。**しかし、様々な意見がある中でバランスを取り、急進的な革命ではなく漸進的な改革を実践したのはやはり自民党です。**

そんな自民党は下野していた時期の２０１０年に新たな綱領を採択しました。その内容は、保守思想と設計主義の戦いを総括し、近代保守思想の原点である五箇条の御誓文の精神をしっかりと意識させるものです。少し長いですが全文引用します。大事なところは傍線を引いておきますので特に注意してお読みください。

現状認識

我が党は、「反共産・社会主義、反独裁・統制的統治」と「日本らしい日本の確立」―の2つを目的とし、「政治は国民のもの」との原点に立ち立党された。平成元年のベルリンの壁の崩壊、平成3年のソ連邦の解体は、この目的の1つが達成されたという意味で、我が党の勝利でもあった。

そこに至るまでの間、**共産主義・社会主義政党の批判のための批判に耐え、我が党は現実を直視し、日米安全保障条約を基本とする外交政策により永く平和を護り、世界第2の経済大国へと日本を国民とともに発展させた。**

日本の存在感が増すにつれ、国際化のなかで我々は多くのものを得た反面、独自の伝統・文化を失いつつある。長寿国という誇るべき成果の反面、経済成長の鈍化と財政悪化からくる財政諸機能の不全に現在も我々は苦しんでいる。少子化による人口減少は国の生産力を低下させると言われる。

我が国は、これ等の現実を明るく希望ある未来に変えるため、少子化対策とともに、教育の充実と科学技術開発に国民資源を注力することにより生産性を向上させ、長寿人口の活用と国民資質の向上、国際化への良き対応により、経済成長が達成でき、国民生活の充実が可能なことを世界に示さねばならない。

我々は、日本国及び国民統合の象徴である天皇陛下のもと、今日の平和な日本を築きあげてきた。我々は元来、勤勉を美徳とし、他人に頼らず自立を誇りとする国民である。努力する機会や能力に恵まれぬ人たちを温かく包み込む家族や地域社会の絆を持った国民である。

家族、地域社会、国への帰属意識を持ち、公への貢献と義務を誇りを持って果たす国民でもある。これ等の伝統的な国民性、生きざま即ち日本の文化を築きあげた風土、人々の営み、現在・未来を含む3世代の基をなす祖先への尊敬の念を持つ生き方の再評価こそが、もう1つの立党目的、即ち「日本らしい日本の確立」である。

我が党は平成21年総選挙の敗北の反省のうえに、立党以来護り続けてきた自由と民主の旗の下に、時代に適さぬもののみを改め、維持すべきものを護り、秩序のなかに進歩を求め、**国際的責務を果たす日本らしい日本の保守主義を政治理念として再出発したいと思う。**

我々が護り続けてきた自由（リベラリズム）とは、市場原理主義でもなく、無原則な政府介入是認主義でもない。ましてや利己主義を放任する文化でもない。自立した個人の義務と創意工夫、自由な選択、他への尊重と寛容、共助の精神からなる自由であることを再確認したい。従って、我々は、全国民の努力により生み出された国民総生産を、与党のみの独善的判断で国民生活に再配分し、結果として国民の自立心を損なう社会主義的政策は採らない。これと併せて、政治主導という言葉で意に反する意見を無視し、与党のみの判断を他に独裁的に押し付ける国家社会主義的統治とも断固対峙しなければならない。

また、**日本の主権を危うくし、「日本らしい日本」を損なう政策に対し闘わねばならない。**

我が党は過去、現在、未来の真面目に努力した、また努力する自立した納税者の立場に立ち、「新しい日本」を目指して、新しい自民党として、国民とともに安心感のある政治を通じ、現在と未来を安心できるものとしたい（参考：立党55年２０１０年（平成22年）１

月24日平成22年（２０１０年）綱領）。

本当に素晴らしい内容です。共産主義との闘い、君民共治、さらに五箇条の御誓文の精神まで盛り込まれています。気づきましたか？　以下の部分です。

「我々は、日本国及び国民統合の象徴である天皇陛下のもと、今日の平和な日本を築きあげてきた。我々は元来、勤勉を美徳とし、他人に頼らず自立を誇りとする国民である。努力する機会や能力に恵まれぬ人たちを温かく包み込む家族や地域社会の絆を持った国民である」

まさにこの部分は五箇条の御誓文の精神そのもの。やはり日本の保守本流は自民党ですね。本当に立派です。ただし、言うは易く行うは難し。本当にこの理念通り政策立案しているかどうかは別途国民が評価すべき問題ですが……。

エドマンド・バークと心を同じくする保守思想

原点に返るという意味で、1955年の立党宣言も引用しておきます。大事なところに傍線を引いておきますので特に注意してお読みください。

政治は国民のもの、即ちその使命と任務は、内に民生を安定せしめ、公共の福祉を増進し、外に自主独立の権威を回復し、平和の諸条件を調整確立するにある。われらは、この使命と任務に鑑み、ここに民主政治の本義に立脚して、自由民主党を結成し、広く国民大衆とともにその責務を全うせんことを誓う。

大戦終熄《たいせんしゅうそく》して既に十年、世界の大勢は著しく相貌を変じ、原子科学の発達と共に、全人類の歴史は日々新しい頁を書き加えつつある。今日の政治は、少なくとも十年後の世界を目標に描いて、創造の努力を払い、過去及び現在の制度機構の中から健全なるものを生かし、古き無用なるものを除き、社会的欠陥を是正することに勇敢であらねばならない。

われら立党の政治理念は、第一に、ひたすら議会民主政治の大道を歩むにある。従ってわれらは、暴力と破壊、革命と独裁を政治手段とするすべての勢力又は思想をあくまで排

撃する。第二に、個人の自由と人格の尊厳を社会秩序の基本的条件となす。故に、権力による専制と階級主義に反対する。

われらは、秩序の中に前進をもとめ、知性を磨き、進歩的諸政策を敢行し、文化的民主国家の諸制度を確立して、祖国再建の大業に邁進せんとするものである。

右宣言する。

立党1955年（昭和30年）11月15日

立党宣言

なんと頼もしいことでしょう。**「暴力と破壊、革命と独裁を政治手段とするすべての勢力又は思想をあくまで排撃する」「秩序の中に前進をもとめ」とはまさにフランス革命を批判したエドマンド・バークと心を同じくする保守思想です。**イギリスと日本、国も歴史も違いますが、伝統を重んじ急進的な革命によって暴力と破壊が生じることを避けようとする意図が共通していると思いませんか？

しかし、設計主義は形を変えて何度も同じ論点を蒸し返しつつ、自由で開かれた社会を破壊する圧力をかけてきます。次章では平成、令和の世になってもいまだ攻撃を続ける設計主義との闘いについて語りたいと思います。

第6章

令和の今、保守思想は何と戦っているのか？

日本経済の復活で見向きもされなくなった革命思想

１９４７年のゼネストから果てしなく続いた共産主義者の攻撃を自民党は跳ねのけました。それができた理由は、２つあります。１つはいくつかの偶然、もう１つは自民党が一貫して正しい経済政策を採用してきたことです。

まず、１つ目の偶然から。１９５０年の朝鮮戦争勃発と同時に、日本はアメリカを中心とした連合軍の兵站基地になりました。そのため、武器、弾薬、軍服から軍用車両まで、ありとあらゆる物資が日本で生産されて飛ぶように売れていきました。いわゆる「朝鮮特需」の発生です。おかげで１９５０年から１９５２年まで日本の経済成長率は10％を超えました。

その後、１年足らずの景気後退局面を挟んで「神武景気」（１９５４年11月〜１９５７年６月）が続きます。そして１９５６年、日本のＧＤＰは戦前の１９４０年のＧＤＰを上回り、日本政府は『経済白書』の序文において「もはや戦後ではない」と宣言しました。

ところが、１９５８年に転機が訪れます。それまで設備投資とほぼ同額で伸びていたＧＤＰが、設備投資の額を下回るようになったのです。戦争が終わって10年も経つと、次第に戦後復興としての需要が色褪せてきたからです。

この時、日本の経済論壇は2つに割れます。主流派は都留重人《つるしげんど》を始めとした官庁エコノミストたちです。彼らは、戦後復興が終わったので日本は今後低成長経済になると主張しました。これに対して、後に池田勇人《いけだはやと》首相の経済ブレーンになる下村治《しもむらおさむ》は異を唱えます。下村は、技術革新によって生産性は高まり、日本は2桁成長を維持できると考えていました。経済成長を続けることでそうなれば、「所得水準」や「GNP（国民総生産）」で、欧米にキャッチアップすることも夢ではないと。

1958年に下村が発表した「経済成長実現のために」という論文は、後に首相となる池田勇人の目に留まります。池田氏は首相就任の前年に「月給倍増論」を発表し、下村のアイデアを全面的に採用しました。そして、1960年に成立した池田内閣において「国民所得倍増計画」が発表され、実行されることになったのです。日本は欧米の技術を積極的に導入し、さらにそれを改良して生産性を高めました。その結果、都留と下村、どちらが勝ったか？　もうお分かりですよね？

1960年代、日本は平均で10％を超える経済成長を達成してしまったのです。これはまさに下村の予想した通りの展開でした。かくして戦後最大の経済論争は、下村の完勝で幕を閉じたのです。

高度経済成長は日本経済が再び先進国の仲間入りをすることに大きく貢献しました。**そして、これは敗戦の混乱に乗じて革命を起こそうとしていた共産主義者たちには大きな誤算でした。人々は生活を豊かにすることに忙しく、革命思想には見向きもしなくなったからです。運動の方向性を失った左翼は分裂と凄惨な仲間割れを繰り返し、人々はますますドン引きしていきました。**決定的だったのは1972年2月に起こったあさま山荘事件です。連合赤軍という過激派が「山岳ベース」で12人の仲間を殺し、その後人質を取ってあさま山荘に立て籠るという凄惨な事件でした。

「キャッチアップ型経済成長」で世界第2位の経済大国に

さて、神武景気が始まった後の1955年から1973年の石油危機（オイル・ショック）まで、日本の実質経済成長率は欧米の2～4倍もの高水準を維持しました。なぜこんなことが可能だったのでしょうか？　下村の言う通り、それは技術革新のおかげです。しかし、新しい技術が百発百中で成功するとは限りません。なぜ日本はこれほどの「命中率」

を保てたのか？

その理由はいわゆる「キャッチアップ型経済成長」にあります。**一言で言えば、欧米諸国をお手本にひたすらそれをパクる。これです。先進国の真似をすることで、本当なら必要な試行錯誤のステップをいくつも飛ばして、いきなり正解にたどり着くことができるのです。**また、日本の場合は1ドル360円の超割安な為替レートにも大いに助けられました。

しかし、高度経済成長は、永久には続きません。なぜなら、どんなに遅れた国でも10年や20年の単位でキャッチアップを続ければ、いい加減先頭ランナーの背中が見えてきてしまうからです。そして、先頭ランナーとの差が縮まってくると、キャッチアップ型経済成長は終わってしまうのです。

日本の場合、キャッチアップは1973年で終わりました。教科書的には石油ショックが発生し高度経済成長は終わったことになっていますが、実際にはキャッチアップできる領域がほぼ消滅したことが停滞の原因です。とはいえ、キャッチアップの成果により、1968年の日本の国民総生産（GNP）は1419億ドルとなりました。これは当時の西ドイツの1322億ドルを抜いてアメリカに次ぐ世界第2位の経済規模です。敗戦の大混乱からたった20年余りで日本は世界第2位の経済大国にのし上がったのでした。

自民党の経済政策で日本経済は黄金期に突入

１９７３年の石油ショックをもって日本の高度成長は終わりますが、日本経済の躍進は止まりません。なぜなら、石油ショックをいち早く克服したのも日本だったからです。１９７３年の第一次石油ショックの際に多くの先進国が原油高による景気後退を恐れ、金融緩和に走りました。それまで１バレル２ドルだった原油価格が16ドルと一気に８倍になったわけですから、景気の後退を恐怖する気持ちは分からなくもありません。しかし、原油の供給が減って生産活動が滞ればモノの生産が減ります。モノが減っている時に、お金だけ増やしたら増やした分だけモノの値段が上がってしまいます。日本を含むすべての先進国が２桁以上のインフレに苦しみました。ちなみに、１９７３年の日本の物価上昇率はなんと23％でした（狂乱物価）。

ところが、自民党政権はこの難局を①金融引き締め、②省エネ技術開発、③労使協調路線によって乗り切ったのです。①はモノが減っている時にお金を刷り過ぎてインフレが加速することがないように、むしろお金を絞って需要を調整したということです。②と③は少ないエネルギーでもモノの生産が減らないようにするための工夫です。これらを徹底して進めた結果、なんと１９８０年の第二次石油ショックは日本だけがほぼノーダメージで通過することができました。同時期、14％ものインフレに苦しめられたアメリカとは大違いです。１９８０年代に入ると、様々な規制緩和、専売公社や国鉄の民営化も進み、日本経済は黄金時代を迎えます。経済的に困窮した人がヤケを起こして過激思想に走ることはほとんどなくなりました。自民党の経済政策は概ね間違っていなかった。正しい判断をしたと私は思います。

振り返ってみれば、キャッチアップ型の経済成長とは進んだ国に学んで経済的に発展していこうという考えです。もうお気付きですよね？　これは五箇条の御誓文の精神そのもの。「智識ヲ世界ニ求メ大ニ皇基ヲ振起スヘシ」の実践に他なりません。昭和天皇が新日本建設に関す詔書で述べられたことを、自民党という保守政党が政策に反映させ、それを実行した。極めてシンプルな話ではないでしょうか？

社会主義体制は崩壊し計画経済と一党独裁の限界が証明された

こうして日本が国民の経済厚生を高めている間に、ソ連をはじめとした共産主義の国々は計画経済によってどんどん貧しくなっていきました。ねじ一本の生産からすべてを政府がコントロールすることなど不可能です。第1章の話を思い出してください。古代ギリシャも古代中国も優れた科学技術を持ちながらそれを社会の発展に活かすことができなかった。それは私有財産と自由な市場がなかったからです。こういった歴史的経緯を無視して、頭の中で考えた理想郷を作ろうとした結果が共産主義の失敗でした。

1989年に始まった東欧革命から1991年のソ連崩壊までの間に、社会主義諸国は文字通り総崩れとなりました。あの中国ですら社会主義経済を実質的に止めてしまったのですから。

ソ連を中心とする東側諸国は、長年にわたり計画経済を基盤とした社会主義体制を維持してきましたが、経済の非効率性、物資不足、生活水準の低下、そして自由の抑圧による国民の不満が蓄積していました。特に1980年代後半には、西側諸国との経済格差が拡大し、東側の体制が持続不可能であることが明白になっていきました。

ソ連の指導者ミハイル・ゴルバチョフは、この行き詰まりを打開するために「ペレストロイカ（改革）」と「グラスノスチ（情報公開）」を推進しました。しかし、皮肉なことにこれによって共産党の統制が緩み、社会主義体制の矛盾が一層浮き彫りとなりました。東欧諸国では、市場経済の導入や自由選挙を求める声が高まり、1989年にポーランドの「連帯」が総選挙で圧勝し、ハンガリーでは国境を開放する動きが進みました。この結果、東ドイツから西側への大量脱出が発生しました。

社会主義の根本的な欠陥は中央集権的な計画経済です。市場が存在しないため需要と供給の調整が困難であり、物資の不足や品質の低下がたびたび起こりました。また、一党独裁体制の下では、市民の不満が抑圧され、政治改革を求める動きが弾圧されることが常態化していました。しかし、ゴルバチョフの改革によって言論の自由が広がると、各国で共産党政権の正統性が否定され、社会主義体制の崩壊が加速しました。東欧革命と呼ばれる社会主義体制の崩壊が相次ぎます。

ソ連内部でも、バルト三国をはじめとする共和国が独立を宣言し、ソ連崩壊の動きが強まりました。1991年8月には、旧体制を維持しようとする保守派がクーデターを起こしましたが、ロシア共和国のボリス・エリツィンがこれを抑え、ゴルバチョフの権威は完全に失墜しました。最終的に12月、ロシア、ウクライナ、ベラルーシの指導者がソ連の解体を決定し、ゴルバチョフは大統領を辞任しました。こうして、**70年以上にわたる社会主義体制は完全に崩壊し、計画経済と共産党の一党独裁の限界が歴史的に証明される結果となったのです。**

「隙間産業」に目を付けた共産主義者たち

ついに自民党は共産主義者たちとの闘いに勝利した！　誰もがそう思いました。ところが、ソ連崩壊後、自民党は2度にわたって政権の座から陥落します。1度目は1993年の細川連立政権の時、2度目は2009年の民主党政権の時です。共産主義者たちとの闘いに勝ったのになぜ？

理由はバブル崩壊以降の経済失政にありました。平成に入ると、それまで経済政策だけは間違えなかった自民党がことごとく悪手を打ち続けたのです。この点については拙書『経済で読み解く日本史　平成時代』（飛鳥新社）に詳しく書きましたので、ここでは簡単に説明します。

１９９０年から始まる土地バブルの崩壊とそれに続く不良債権問題の処理に、日本政府は13年もの年を費やしてしまったのです。そもそも、バブル崩壊自体が大蔵省による不動産融資規制と日銀の利上げによるオーバーキルが原因でした。さらに、２００３年に不良債権処理が終わった後も、物価上昇率がマイナスになるデフレは解消しませんでした。速《はや》水《み》優《まさる》、福井《ふくい》俊彦《としひこ》、白川《しらかわ》方明《まさあき》と続く日銀総裁が十分な金融緩和を行わなかったからです。そのせいで、１９９８年から２０１２年までデフレ状態は解消せず、失業が大幅に増えました。その影響を受けたのがロスジェネと呼ばれる、私より少し後輩たちの世代です。すでに齢《よわい》50に達する彼らは、学校を卒業した直後からデフレ不況が続き、ろくに就職できないまま年を取ってしまいました。この時期、日本の自殺者数はそれ以前の２万人台から３万人台に増加し、その原因の多くが経済的な問題を苦にしたものでした。

経済的に困窮した人々は救済を求めて過激思想に走ります。革命運動はソ連崩壊で下火になっていましたが、行き場を失った共産主義者は新たな運動を開始していました。かつて日本共産党のナンバー４で参議院議員だった筆坂《ふでさか》秀世《ひでよ》氏は、それを「隙間産業」と名付けました。

例えば、それらは環境問題、ＬＧＢＴＱ、沖縄の米軍基地問題、アイヌ問題、在日朝鮮人問題、反グローバリズムなど、革命という大きなテーマに比べれば矮小で、それだけで世の中が変えられるのかと思えるようなショボい運動です。デフレ不況時に話題になった派遣村のような活動も、ポストモダンのようなファッショナブルでナンセンスな思想運動も、隙間産業に加えていいでしょう。

これら隙間産業に共通することは、「革命は起こせないけど、現状の批判はする」という点です。例えば、資本主義の暴走が地球環境を破壊しているとか、今の政府のせいでマイノリティの人権が抑圧されているといった批判です。もちろん、こういった社会的課題は1つ1つ解決していかなければならないものもあるでしょう。だからこそ、批判ばかりでなく建設的な議論が必要です。過去にそういう制度が決まった歴史的経緯、先人たちの議論、先行研究を踏まえた議論を着実に行っていくことが大事なのではないでしょうか？

なぜ米軍基地反対運動が沖縄の分離独立につながるのか？

しかし、「隙間産業」の活動家たちはむしろ問題を解決させないことを目指して運動を展開します。いや、正確に言うとそういう問題を本当に解決したいという思いで集まった、困っている人と、その困っている人を利用してビジネスをしている活動家が混在していま す。活動家はピュアな人たちを利用し、その批判の矛先を政府に向け、その権威を失墜させつつ、金儲けまでしている。しかも、問題なのはこういった活動家の一部は外国に支援されている疑惑があるということです。公安調査庁は次のように報告しています。

「琉球帰属未定論」を提起し，沖縄での世論形成を図る中国

人民日報系紙「環球時報」（8月12日付け）は，「琉球の帰属は未定，琉球を沖縄と呼んではならない」と題する論文を掲載し，「米国は，琉球の施政権を日本に引き渡しただけで，琉球の帰属は未定である。我々は長期間，琉球を沖縄と呼んできたが，この呼称は，我々が琉球の主権が日本にあることを暗に認めているのに等しく，使用すべきでない」などと主張した。既に，中国国内では，「琉球帰属未定論」に関心を持つ大学やシンクタンクが中心となって，「琉球独立」を標ぼうする我が国の団体関係者などとの学術交流を進め，関係を深めている。こうした交流の背後には，沖縄で，中国に有利な世論を形成し，日本国内の分断を図る戦略的な狙いが潜んでいるものとみられ，今後の沖縄に対する中国の動向には注意を要する（参考：https://www.moj.go.jp/content/001221029.pdf）。

なぜ沖縄の米軍基地反対運動が沖縄の日本からの分離独立に繋がるのか？　**そもそも、沖縄は日本語を話す日本人が住んでいる島です。領土として未定であったことはありません。**しかし、歴史的事実を捻じ曲げる屁理屈（ナラティブ）はしつこく拡散されています。反米をこじらせた一定割合の人が、こういった言説に簡単に引っかかってしまうのです。

環境問題にちらつく外国の影

例えば環境問題を拗らせた人も、非科学的な放射能脅威論に洗脳されるリスクがあります。世界中の科学者から問題ないとお墨付きをもらっている福島第一原発の処理水が危ないと言い張っていた左翼活動家や左派政党の政治家がいましたね？　彼らのこの言説にも外国の影がちらついていることをご存じでしょうか？　読売新聞は次のように報じています。

北朝鮮、処理水巡り韓国で反日扇動…スパイ組織に指令「日韓対立を取り返しつかない状

況に追い込め」（読売新聞　2025年1月9日）

北朝鮮が韓国内で運営する自国のスパイ組織に対し、東京電力福島第一原子力発電所の処理水放出に関して反日行為を扇動するよう指示する指令文を送っていたことが判明した。大量の指令文を証拠採用した韓国の裁判所の判決文を本紙が入手した。北朝鮮が反日機運を利用し、韓国内の分断と日韓対立をあおっている実態が浮かび上がった。（中略）

図９ 朝鮮半島での主な出来事とスパイ組織への指令分などの内容

文在寅政権	2019年	7月	日本政府が対韓輸出管理を厳格化
		8月の指令文	高揚した反日世論に乗り、「韓米日三角同盟」を破裂させるための活動が必要だ。日本大使館包囲や侵入闘争、日の丸破りなど過激な形式で反日闘争の強度を高めろ
	20年	4月	韓国国会の総選挙で文政権を支える左派が圧勝
		5月の報告文	いつも総会長（金正恩氏）の忠実な息子として生きて闘争しています。以下は、国会議員名簿、基本事項と電話番号です
	21年	4月	日本政府が福島第一原発の処理水放出を決定
		5月の指令文	反日世論をあおって日本を極度に刺激させる一方、（文）政権を圧迫し、韓日対立と葛藤を取り返しのつかない状況に追い込め。核テロ行為、全人類への大虐殺蛮行と断罪する情報を集中的に流せ
尹錫悦政権	22年	5月	韓国で保守の尹錫悦政権発足
		5月の指令文	政権初期から反北朝鮮対決策動に狂っている。断罪、糾弾する大衆闘争に広範囲の群衆を呼び起こさなければならない
		10月	ソウル・梨泰院で多数が死傷する事故発生
		11月の指令文	（尹）政権6か月で最悪の危機状況に陥った。社会内部の雰囲気をうまく利用すれば、決定的打撃を与え、抜け出せない泥沼に追い込める。各層の怒りを最大限噴出するための事業を積極的に展開しろ

参考：「讀売新聞オンライン」より

判決によれば、組織のリーダー格である50歳代の男は、韓国最大規模の労組「民主労総」（組合員約120万人）で傘下団体などを統括する担当局長だった。組織には「理事会」があり、北朝鮮からの指令に基づき、下部メンバーに指示を出していた。北朝鮮とのやりとりは２０１８年10月から23年1月に捜査が本格化する直前まで、ほぼ毎月１～５回の頻度で行われていた。摘発されたスパイ事件では過去最多の規模だ。

（参考：https://www.yomiuri.co.jp/world/20250108-OYT1T50155/）

隙間産業とはいえ、侮るなかれ。自民党が経済失政によって１人コケしている間に、これら隙間産業は着実に支持者を増やし続けていました。そして、自民党は２００８年のリーマンショックの対応を完全に間違えてしまうのです。

自民党が民主党に政権を明け渡した悪夢の3年半

リーマンショックが発生した時、日本を除くすべての先進国はデフレになったら大変だと大規模な金融緩和を実施しました。その規模は中央銀行のバランスシートが３～５倍になるほどのレベルです。大量の通貨発行によってインフレ率をゼロ以下に落とさないように圧力をかけ、見事にこの難局を乗り切りました。

ところが、日銀はこれをやらなかった。当時の日銀総裁だった白川は政策金利をゼロコンマ数パーセント下げた以外にほとんど何もしなかったのです。麻生太郎《あそうたろう》政権は景気刺激のための大規模な財政政策を実施しましたが、デフレ下においては金融政策のサポートなしに財政政策は効果を発揮しません。景気対策の効果は円高によってすべて吸収され、日本経済は文字通り奈落の底に突き落とされたのです。

麻生政権は2009年8月の総選挙で惨敗し、自民党は下野して、民主党に政権を明け渡しました。さぁ、悪夢の始まりです！　民主党政権は円高とデフレを容認し、日本経済はリーマンショックの中心でなかったにもかかわらず、一番景気が落ち込みました。

さらに、リーマンショックの3年後には東日本大震災が発生し、福島の原発事故も起こりました。反原発運動が異常な盛り上がりを見せたことは記憶に新しいところです。その運動の中心となっていた活動家たちには、当然ソ連崩壊で失業した共産主義者が含まれていました。

自民党が民主党に政権を明け渡した3年半は悪夢の3年半と言われています。具体的に何があったのかを説明するとそれだけで本が一冊書けてしまうかもしれないので、経済、外交安全保障、その他の分野に分けて箇条書きにしてみました。

経済

- 円高放置：1ドル75円台まで進んだ超円高を放置し、輸出産業の競争力を低下させた。
- 企業の海外流出：製造業が海外移転を加速し、日本国内の雇用が失われた。
- 東日本大震災後の経済対策の遅れ：震災復興の財源確保のために増税路線を推進し、景気低迷を招いた。
- 無計画な子ども手当：財源の裏付けが不十分なままバラマキ政策を実施し、財政負担を増大させた。
- 消費税増税決定：２０１２年に自民・公明と連携して消費税増税を決定し、国民の反発を招いた。

外交・安全保障

- 尖閣諸島中国漁船衝突事件の対応（２０１０年）：中国漁船の船長を逮捕したものの、中国の圧力に屈して釈放。事件の映像が隠蔽され、後に流出（海上保安官が告発）。
- 日米関係の悪化：鳩山由紀夫《はとやまゆきお》首相が「最低でも県外」と主張した普天間基地移設問

題で迷走し、結局は元の辺野古案に戻る。
・中国・韓国への弱腰外交。

その他

・東日本大震災、福島第一原発事故対応の不手際。
・マニフェストの未達成：高速道路無料化、最低保障年金創設などの公約が実現せず。
・「脱原発」宣言による混乱：菅直人《かんなおと》が唐突に脱原発を打ち出し、エネルギー政策が迷走。原発停止で電力供給が逼迫し、企業活動に影響を与えた。
・公務員改革の失敗：「脱官僚」を掲げるも逆に官僚依存が強まる。
・事業仕分け失敗：「2位じゃダメなんですか？」発言が象徴するように、科学技術分野の予算削減が批判された。

民主党政権は自民党の経済失政を挽回するどころか、傷口を広げるような政策しかやっていません。ますます人々は経済的に困窮し、過激な思想に走るインセンティブが高まります。これは隙間産業の活動家にとっては極めておいしい状況だったことは間違いありま

せん。もちろん、ソ連崩壊前の革命を起こすほどのパワーはありませんが、社会のそこかしこで問題を起こしてそれを解決させせないような勢力は潜在的なリスクになります。実際に、東日本大震災や新型コロナパンデミックの時、こういった連中が表に出て混乱を助長しましたよね？　革命が死に直結する心臓発作だとするなら、この手の隙間産業の跋扈《ばっこ》は高血圧みたいなものです。それだけで死に至ることは稀ですが、感染症などによって体が弱った時は重大な健康被害を起こし場合によっては死ぬみたいな？　そういう意味では普段から身体（社会）を健康に保っておくことはとても大事です。

さて、危機的な経済、日米関係、社会状況を一気に立て直したのはやっぱり自民党です。２０１２年11月、民主党の野田総理が売り言葉に買い言葉で突如衆議院を解散し、そのまま玉砕。自民党は衆院選で歴史的な大勝を収め、第二次安倍政権が誕生しました。まさに日本を取り戻す動きがここから始まりました。

アベノミクス３本の矢の１本目は金融緩和です。日銀総裁が白川から黒田東彦《くろだはるひこ》氏に交代し、即座に実施された大規模金融緩和（通称：黒田バズーカ）によってインフレ率はマイナス圏を脱し、デフレ状態が解消されました。それに伴い雇用が増加し、安倍政権の約８年間で５００万人分の新たな雇用が生まれました（この数字はイェール大学の浜田宏一《はまだこういち》名誉教授の最新の研究に基づくものです）。

さらに、宿題になっていた憲法解釈の変更も行われ２０１５年に新しい安保法制が成立します。日米安保条約はより双務的になり、以前よりもずっと対等な同盟関係が実現しました。さらに、安倍総理発案の価値観外交「自由で開かれたインド太平洋」がアメリカだけでなく、インドや欧州、オーストラリアのような国々でも共有されるようになったのです。**ポツダム宣言を受け入れて、国際秩序を破る側から守る側になった日本。その約束を守り抜いて、ついにはその価値観で世界を主導するにまでになった。これは奇跡ではないでしょうか？**

日本が直面した新たな敵とは？

しかし、日本は新たな敵に直面しています。**それは２０２０年米大統領選挙の混乱から生じた陰謀論です。この陰謀論は主にアメリカの極右勢力がＳＮＳなどを通じて拡散しているもので、元ネタはロシア発の偽情報であることもよくあります。左翼の次は右翼。**本当に忙しい。しかし、この新たな敵の正体を知ることは、最も有効な対策となります。そこで、ソ連崩壊後に失業した共産主義者が逃亡した先の1つ、ポストモダン思想から解説していきます。

ポストモダン思想は、マルクス主義と複雑な関係を持っています。もともとマルクス主義は、資本主義の歴史的必然性と階級闘争を中心に据えた「大きな物語」を持つ理論体系でした。マルクスは、歴史を一定の法則に従って進展するものと捉え、最終的には労働者階級が資本主義を打倒し、社会主義・共産主義へと進むと考えました。

ポストモダン思想の中心的な特徴は、あらゆる普遍的な理論や歴史の必然性を疑う点、いわゆる懐疑論的な立場にあります。例えば、ジャン＝フランソワ・リオタールは「大きな物語の終焉」を唱え、社会を包括的に説明しようとする理論を批判しました。これは、従来のマルクス主義が前提としていた「歴史の法則」や「労働者階級の歴史的使命」といった考えを根本から揺るがすものでした。そのため、伝統的なマルクス主義の信奉者からは、ポストモダン思想は「反マルクス主義」として見なされることもありました。

しかし、「大きな物語の終焉」が転じて、「すべてのものを疑え」になり、極端な価値相対主義、文化相対主義が主張されるように変容していきます（この時点で、伝統と歴史を軽視する土台が完成していますね）。さらに、ポストモダンの影響を受けた左派の知識人の中には、従来のマルクス主義の枠組みを維持しながら、文化的・社会的な抑圧の問題に焦点を移した者が登場します。彼らはフェミニズム、ポストコロニアリズム、クィア理論といった「隙間産業」が、従来の階級闘争に代わる新たな社会変革の枠組みであると主張しました。オールドマルキストである筆坂氏のような筋金入りの革命家から「隙間産業」とバカにされていたこの手の運動を「新しいマルクス主義」の一形態として「格上げ」したのが左派系のポストモダン思想家たちだったのです。

極右勢力の理論的な支柱「加速主義」

さらに、ここで問題が発生します。ポストモダンはなんともう片方の設計主義である右翼の思想にも大きな影響を与えていたのです。今、欧州で猛威を振るう極右勢力の理論的な支柱とも言える「加速主義」という思想をご存じでしょうか？

加速主義の家元はニック・ランドという１９６２年生まれのイギリス人哲学者です。当初はイギリスのウォリック大学で教鞭を執り、大学内でサイバネティクス・カルチャー・リサーチ・ユニット（ＣＣＲＵ）を設立し、未来のテクノロジー、資本主義、ポストヒューマニズムについての研究を行っていました。

彼の思想はジル・ドゥルーズやフェリックス・ガタリといったポストモダン系の哲学者、そしてフリードリヒ・ニーチェなどに影響を受けつつ、独自の視点で発展したと言われています。ランドは、資本主義を抑制するのではなく、その加速によって新たな社会や技術的状況が出現するという考え方を提唱しました。この「加速主義」は、彼の代表的な著書『The Thirst for Annihilation』やその他の論文で具体化されています。

ランドは2000年前後から、アカデミアを離れ、なんと中国に移住し、偽名を使ってテクノロジーや人工知能、政治思想に関する執筆活動をしていました。そしてこの頃、90年代に書き散らした暴力的な論文がにわかに注目されるようになります。

(引用)

90年代、ランドは資本主義の暴力的な力を加速度的にドライヴさせることで特異点(シンギュラリティ)、すなわち未知の領野へのアクセスを目指す思想を、熱に浮かされたような文体とともに打ち出していた。こうした思想は2010年代に入ると「加速主義」と呼ばれるようになり、にわかに注目を集めるようになる。

その象徴となる出来事が、2010年9月にロンドン大学ゴールドスミス・カレッジにおいて開かれたシンポジウムであり、そこでの討論のテーマは加速主義についてだった。シンポジウムの参加者は、マーク・フィッシャー、レイ・ブラシエ、ロビン・マッケイ、ベンジャミン・ノイズ、ニック・スルニチェク、アレックス・ウィリアムズの六名で、このうち最後の二名であるスルニチェクとウィリアムズは、ランドへの批判を通じて左派加速主義という立場を打ち出すことになる（参考：https://gendai.media/articles/-/72758?page=3）。

加速主義には「シンギュラリティ」という重要なキーワードがあります。シンギュラリティとは技術的進歩が指数関数的に進み、人類が既存の理解や予測を超えた新しい段階に突入する点として定義されます。この概念は、特に人工知能（ＡＩ）の進化が頂点に達し、自律的で超人的な知能が誕生する瞬間なのだそうです。

ランドによれば、シンギュラリティ以前の人類社会は、技術進歩を効率化や生活の利便性向上の手段として利用し、資本主義の枠組みの中でそれを徐々に取り込んできたとのこと。この段階では、テクノロジーは人類の主導の下で管理され、経済的利益や社会的安定がその目的となっていました。

ところが、ランド曰く「このプロセスそのものが資本主義の本質、すなわち自己増殖的で制御不可能な拡張性によって破綻を迎える」ということなのです。シンギュラリティが到来することで、資本主義やテクノロジーの進化が制御不能な速度で加速し、人類がそれまでの生活や社会の枠組みを根底から変革される……のだそうです。ちょっとついていけませんね。

とはいえ、AIがシンギュラリティの引き金になるかもしれないことは多くのSF映画で予言されていました。例えばターミネーターのスカイネットみたいなもの、アニメ『サイコパス』のシビュラシステムみたいなものです。ニック・ランドの特徴は、科学技術が発展しまくって最終形になるとドラえもんみたいなユートピアではなく、むしろターミネーターみたいなディストピアがくるという点にあります。

ランド曰く、シンギュラリティ後の社会においては、人類はもはや技術や経済システムを完全には制御できなくなるそうです。この段階ではテクノロジーが自律的に自己改良を繰り返し、その結果、資本主義的なダイナミズムが人間の意図を超えて進化していくとのこと。**シンギュラリティ後に、社会や生活の在り方は劇的に変化し、従来の人間中心的な**

価値観や社会構造は崩壊するし、個々人の労働や消費を基盤とした経済モデルは機能不全に陥る。社会的ヒエラルキーや国家の枠組みも無意味になる⁉ イメージ的には弐瓶勉さんの漫画『ＢＬＡＭＥ！』の世界観がぴったりかもしれません。

自民党は新たなチャレンジを受けている

しかし、この考え方だと国家の枠組みが消し飛ぶどころか歴史も伝統も全部リセットされてしまいませんか？ 実はこの考え方は極めて設計主義的なのです。ところが、この思想に魅せられた世界を代表する大金持ちたちがいます。世界最大のオンライン決済サービスＰａｙＰａｌの共同創業者のピーター・ティールです。俗に言う「ペイパル・マフィア」を束ねる首領《ドン》として知られ、その仲間にはあのイーロン・マスク氏もいます。

そうです！ ここで陰謀論と繋がるわけです。マスク氏と言えば、現Ｘを買収した後、自身のアカウントを通じて陰謀論を拡散しまくっていることで知られています。そして、最近では欧州の政治にまで介入を始めました。イギリスの極右政党のリフォームＵＫに対して党首の交代を要求したり、ドイツ国民に総選挙で極右のＡｆＤに投票するように呼び掛けたり、極めて露骨な政治活動をしています。

おそらくマスク氏は極右政党による政権の方が強権的に富を集めてテクノロジーに集中投資できると考えているのではないでしょうか？　テクノロジーの進化を加速させるためにあらゆるリソースを投入する。その手段として政治への影響力を手に入れたのではないかと私は考えます。

なお、マスク氏の兄貴分であるティール氏はリバタリアンとして知られている起業家です。リバタリアニズムとは完全なる自由を理想とする一種の原理主義で、ティール氏はその中でも特に原理主義的だと言われています。

（引用）

そんなティールは２００９年、リバタリアン系オンラインフォーラム『Ｃａｔｏ Ｕｎｂｏｕｎｄ』に「リバタリアンの教育」と題されたエッセイを寄稿する。そこでティールは先の金融恐慌に触れながら、破綻した金融機関や企業に対する公的資金の投入による補塡といった、国家と市場の腐敗した泥沼的関係を批判した。

１９３０年代のニューディール政策以来連綿と続く国家による大規模な市場介入は、リバタリアン的信念が「政治」の次元に不断に回収されてしまうことを意味していた。先の金融恐慌において頂点に達した国家=政治と市場の関係の矛盾は、ティールによって「私はもはや自由と民主主義が両立するとは信じていない」と言わしめるに至る（参考：https://gendai.media/articles/-/72758?page=3）。

「加速主義で政府をぶっこわーす!!」。おそらくそんな感じではないでしょうか？　先述した通りティール氏の仲間のマスク氏はXを通じて政治にも介入するようになりました。おそらく、テクノロジーの進化を加速させるために絶大な権力と予算を欲しているのだと思います。彼は火星に移住する計画を進めているそうですね。脳にチップを埋め込んで人間のパフォーマンスを増大させる研究もしていました。自動運転の事故率を人間による運転以下にする研究はもうかなりのところまできました。というか、テスラの発表ではすでに人間による運転より安全だとのこと。確かに、科学技術の進歩は既存の枠組みを壊す原動力になるかもしれません。

実際に戦争のやり方も随分と変わりました。ロシアとウクライナの戦争によって、無人兵器の技術が格段に進歩したことをご存じでしょうか？　ウクライナ軍は地上ドローンと航空ドローンを組み合わせた完全に無人の軍事作戦を北部戦線で実施しています。

本当にテクノロジーの進化は世の中をぶっ壊してしまうのか？　自民党は新たなチャレンジを受けているわけです。基礎控除を123万円にするか、178万円にするかなんて、ハッキリ言ってどうでもいい。再び困難な時代が訪れようとしているのに、そんなセコい話をしている場合かと思うのは私だけではないでしょう。**果たして日本は左の隙間産業、右の加速主義からのプレッシャーに耐え抜いて、國體を守り切れるのか？　ソ連が崩壊しても戦いはまだ続いているのです！**

おわりに

日本の多くの地域では、山は神聖な場所とされ、神々が宿ると考えられてきました。そのため、人が亡くなると、その魂は身近な山へ行き、そこに留まると信じられています。しかし、魂はただ山に眠るのではなく、生者が鎮魂（供養）を続けることで少しずつ浄化され、最終的には祖霊神《それいしん》として家族や村を見守る存在になるとされます。

盆やお彼岸の時期には、先祖の魂が山から里へ帰ってくると考えられており、家族はこの時期にお墓参りをし、迎え火や送り火を焚《た》くことで、魂を丁重に迎え、再び山へ送り還します。この習慣は、先祖の魂を大切にすることで家の繁栄や安全を願う意味を持っています。

また、山は単なる死者の世界ではなく、生と死が循環する場所でもあります。春になると山から生命のエネルギーが里へ流れ込み、秋には収穫をもたらす。この自然のリズムの中で、先祖の魂もまた山に還り、新たな命へと繋がるという思想が、日本の風土に根付いているのです。

このような死生観は「山中他界観」と呼ばれ、祖先を神として敬う日本独自の信仰とも結び付いています。山中他界観は、死を単なる終わりではなく、自然の一部として捉え、祖先との繋がりを大切にする日本人の精神性をよく表しています。私たちがご先祖様を大切にしなければいけない理由はまさにこれなのです。

もう1つ、日本人特有の思考様式があります。それは「お天道様が見ているぞ」という道徳観です。「人が見ていなくても、太陽（天）がすべてを見ている」という考え方は神道的な自然信仰と、共同体意識が強い日本社会の価値観が結び付いたものです。

日本では古くから、太陽を神聖な存在として敬う文化がありました。特に、天照大神《あまてらすおおみかみ》は日本神話の中でも最高神の1つであり、世界を照らす存在とされています。そのため、「お天道様が見ている」という考え方は、「どんなに隠れて悪いことをしても、神や自然がそれを見ている」という倫理観に繋がりました。

この思考は、日本人の行動規範にも深く影響を与えています。例えば、「誰も見ていないから悪いことをしても大丈夫」ではなく、「たとえ誰も見ていなくても、誠実に生きなければならない」という意識を育む役割を果たしてきました。私もよく明治生まれの祖母に言われました。「人が見ているところで頑張るのは当たり前。むしろ人が見てないところで頑張らないといけない。見てないと思っても誰かが見てるんだぞ。」と。このように、「お天道様が見ているぞ」という考え方は、単なる迷信ではなく、日本人の倫理観や規範意識の根底にある重要な思想なのです。

初代天皇である神武天皇は、お天道様＝天照大神の孫のひ孫に当たります。そして、その血を2000年以上にわたって受け継いできたのが歴代天皇です。天皇の役割の中で最も重要なものが祭祀であり、これは皇室の先祖祭祀（供養）と密接に関係しています。さらに、天皇が行う祭祀は単なる個人的な先祖祭祀（供養）ではなく、国家全体の安泰と繁栄を願う神事としての性格を持っています。毎年行われる宮中祭祀の中でも、新嘗祭や大嘗祭は特に重要で、新穀を天照大神に捧げることで、祖先の神々と天皇自身が一体となり、国民の安寧と五穀豊穣を祈る儀式となっています。天皇が祖先を祀ることは、単に血統の継承を意味するだけでなく、日本という国そのものの存続と発展を祈る、特別な役割を果たしているのです。

また、天皇は歴代天皇や皇族の霊を祀る皇霊殿での儀式を通じて、皇室の祖先祭祀（供養）を行っています。崩御した天皇は神霊として祀られ、歴代天皇の霊とともに、皇室の繁栄と国家の安泰を見守る存在となると考えられています。

仏教が伝来しようが、キリスト教の布教が始まろうが、日本人の死生観は変わっていません。その死生観は、日本人に自然に備わっているものであり、特定の経典を学習することで得られるものでもなく、経典を教える教団も存在しません。それなのに、お盆や正月には皆が実家に帰り墓参りをします。駅や空港は大混雑、高速道路は大渋滞しますが、皆「巡礼」をやめることはありません。初詣も、盆踊りも、誰に強制されたわけでもなく続いている――それが日本なのです。

日本人とは何か？　私は故安倍晋三首相にそのことを問いました。天皇陛下、お天道様、ご先祖様を大事にする人は日本人と言えるのではないかと。

安倍さんは「上念さんはうまいこと言うね。シンプルだし分かりやすい。その通りだと思いますよ」と仰いました。日本の憲政史を代表する大宰相から身に余るお言葉。とてもうれしかったです。

先人たちが血の滲むような努力をして守ったこの国、日本。私たちが日本を守り抜くためにやることはそんなにたいそうなことではないんです。天皇陛下を大切にし、お天道様に恥じない生き方をして、先祖祭祀（供養）を忘れないこと。たったこれだけです。小難しい保守思想の歴史を書き連ねてきましたが、実は日本において保守思想、保守主義を実践することはそんなに難しいことではなかったのです。

幕末から約百五十年間で生活様式は大きく変わりましたが、私たちの死生観はほとんど変わりませんでした。もちろん天皇陛下と国民の関係も変わりません。憲法が変わろうが、左翼や右翼がどんな屁理屈をこねようがビクともしません。天皇陛下とお天道様とご先祖様を大事にする人がたくさんいればきっと日本は続いていくことでしょう。

最近は陰謀論に嵌って「日本が危ない！」と危機感を丸出しにしてマウントをとる人が増えています。一度肩の力を抜きましょう。そういうあなたはどれだけ日本を実践していますか？　自分に問うてください。誰かを悪者にしてストレスを解消していませんか？

そういうのはお天道様が見ていますよ。ご先祖様もきっと泣いていることでしょう。

そんなことより、神社仏閣を訪ねること、書道や茶道や武道の稽古、古典を読むこと、歴史を学ぶこと、そっちの方が大事ではないでしょうか？　例えば、懐石料理をちゃんとしたお作法で食べることだって立派な伝統の継承だと思いますよ。グルメと伝統継承、一石二鳥です。私もこの年になって着物が一人で着られるようになりました。しかし、それは京都の着物屋の若旦那がやっているＹｏｕＴｕｂｅ動画のおかげなのです。テクノロジーが繋ぐ伝統もある。インターネットのおかげで、私たちは様々な情報を得ることができます。この道具を正しく使って、天皇陛下とお天道様とご先祖様を大事にしていけばいい。意外と簡単なことのように思えますが、いかがでしょう?

本書を最後までお読みいただきましてありがとうございました。小難しい解説の最後は意外と拍子抜けするあとがきで〆させていただきます。世界は一家、人類皆兄弟。仲良くいきましょう。

経済評論家　上念 司

《参考文献》

■『昭和期の政治 続』伊藤 隆（著）／山川出版社／1994年
■『歴史と私 ― 史料と歩んだ歴史家の回想』伊藤 隆（著）／中央公論新社／2015年
■『コミンテルンの謀略と日本の敗戦』江崎 道朗（著）／PHP研究所／2017年
■『天皇家 百五十年の戦い［1868-2019］』江崎 道朗（著）／ビジネス社／2019年
■『日本占領と「敗戦革命」の危機』江崎 道朗（著）／PHP研究所／2018年
■『日本は誰と戦ったのか - コミンテルンの秘密工作を追及するアメリカ』江崎 道朗（著）／ベストセラーズ／2017年
■『日本外務省はソ連の対米工作を知っていた』江崎 道朗（著）／扶桑社／2020年
■『ほんとうの憲法：戦後日本憲法学批判』篠田 英朗（著）／筑摩書房／2017年
■『憲法学の病』篠田 英朗（著）／新潮社／2019年
■『集団的自衛権の思想史――憲法九条と日米安保』篠田 英朗（著）／風行社／2016年
■『はじめての憲法』篠田 英朗（著）／筑摩書房／2019年
■『「戦前」の正体 愛国と神話の日本近現代史』辻田 真佐憲（著）／講談社／2023年
■『フランス革命の省察 単行本』エドマンド・バーク（著）、半沢 孝麿（翻訳）／みすず書房／1997年

■『リベラリズム 失われた歴史と現在』ヘレナ・ローゼンブラット（著）、三牧 聖子（翻訳）、川上 洋平（翻訳）／青土社／２０２０年
■『ジョゼフ・フーシェ-ある政治的人間の肖像』シュテファン・ツヴァイク（著）、山下 肇（翻訳）、山下 萬里（翻訳）／中央公論新社／２０２４年
■『ヴェノナ 解読されたソ連の暗号とスパイ活動』ジョン・アール・ヘインズ（著）、ハーヴェイ・クレア（著）、中西 輝政（監修）、山添 博史（翻訳）、佐々木 太郎（翻訳）、金 自成（翻訳）／扶桑社／２０２４年
■『決定版 大東亜戦争（上）』波多野 澄雄（著）、赤木 完爾（著）、川島 真（著）、戸部 良一（著）、松元 崇（著）／新潮社／２０２１年
■『決定版 大東亜戦争（下）』戸部 良一（著）、赤木 完爾（著）、庄司 潤一郎（著）、川島 真（著）、波多野 澄雄（著）、兼原 信克（著）／新潮社／２０２１年
■『経済学者たちの日米開戦：秋丸機関「幻の報告書」の謎を解く』牧野 邦昭（著）／新潮社／２０１８年
■『昭和恐慌の研究』岩田 規久男（著）／東洋経済新報社／２００４年
■『経済で読み解く日本史 江戸時代』上念 司（著）／飛鳥新社／２０１９年
■『経済で読み解く日本史 大正・昭和時代』上念 司（著）／飛鳥新社／２０１９年
■『経済で読み解く日本史 平成時代』上念 司（著）／飛鳥新社／２０２０年

■『「知」の欺瞞――ポストモダン思想における科学の濫用』アラン・ソーカル（著）、ジャン・ブリクモン（著）、田崎 晴明（翻訳）／岩波書店／2000年
■『アナロジーの罠：フランス現代思想批判』ジャック・ブーヴレス（著）、宮代 康丈（翻訳）／新書館／2003年
■『ダークウェブ・アンダーグラウンド 社会秩序を逸脱するネット暗部の住人たち』木澤 佐登志（著）／イースト・プレス／2019年
■『ニック・ランドと新反動主義 現代世界を覆う〈ダーク〉な思想』木澤 佐登志（著）／星海社／2019年
■『エリート過剰生産が国家を滅ぼす』ピーター・ターチン（著）、濱野 大道（翻訳）／早川書房／2024年
■『Reflections on the Revolution in France and Other Writings: Edited and Introduced by Jesse Norman (Everyman's Library Classics Series)』Edmund Burke（著）、Jesse Norman（序文）／Everyman's Library／2015年
■『The Changing Body: Health, Nutrition, and Human Development in the Western World since 1700 (New Approaches to Economic and Social History)』Roderick Floud（著）／Robert W. Fogel（著）／Bernard Harris（著）／Sok Chul Hong（著）／Cambridge University Press／2011年

■『アメリカ金融資本成立史』呉天降（著）／有斐閣／1971年
■『民主主義を装う権威主義　世界化する選挙独裁とその論理』東島 雅昌（著）／千倉書房／2023年
■『資本主義経済の未来』岩田 規久男（著）／光文社／2021年

《参考サイト》

■明治神宮：https://www.meijijingu.or.jp/
■しんぶん赤旗：https://www.jcp.or.jp/akahata/
■公安調査庁：https://www.moj.go.jp/psia/
■Internet Modern History Sourcebook（Fordham University）：https://origin-rh.web.fordham.edu/halsall/mod/modsbook.asp
■男着物の加藤商店：https://www.youtube.com/@Muromachikato

本書の執筆にあたり、貴重な助言を賜りました歴史学者の久野潤氏（日本経済大学准教授）と情報史学者の江崎道朗氏（麗澤大学客員教授）に深謝いたします。

上念 司 じょうねん・つかさ
1969年、東京都生まれ。中央大学法学部法律学科卒業。在学中は創立1901年の日本最古の弁論部・辞達学会に所属。日本長期信用銀行、臨海セミナーを経て独立。2007年、経済評論家・勝間和代氏と株式会社「監査と分析」を設立。取締役・共同事業パートナーに就任（現在は代表取締役）。2010年、米国イェール大学経済学部の浜田宏一教授に師事し、薫陶を受ける。金融、財政、外交、防衛問題に精通し、積極的な評論、著述活動を展開している。

デザイン 石塚健太郎、堀内葉月
DTP 株式会社 Sun Fuerza

保守の本懐

発行日　2025年3月9日　初版第１刷発行

著者……上念 司
発行者……秋尾 弘史
発行所……株式会社 扶桑社
〒105-8070 東京都港区海岸1-2-20 汐留ビルディング
電話：03-5843-8842（編集）
03-5843-8143（メールセンター）
www.fusosha.co.jp

印刷・製本……タイヘイ株式会社印刷事業部

ISBN978-4-594-09999-2